中国实学概述

中国实学概述

ZHONGGUO SHIXUE GAISHU

王 杰　朱康有◎主编

人民出版社

序言 "实学"的古为今用

　　说到实学，现在很多人并不十分了解，甚至有些人根本就没有听说过。什么是"实学"呢？"实学"就像"儒学""心学""理学""考据学"一样，是中国历史文化发展中的一个非常重要的概念，内容非常丰富，有一个长期演变的过程。

　　"实学"一词最早出现于东汉思想家王充的《论衡·非韩篇》中"盖谓俗儒无行操，举措不重礼，以儒名而俗行，以实学而伪说"，批评战国时期一些庸俗知识分子沽名钓誉、追求名利的现象。到了宋朝，又赋予"实学"以"实体达用"的含义。宋代儒生提倡"实学"，是在佛家、道家学说盛行的背景下产生的。宋儒强调世界的真实，有实实在在的元气（张载），有实实在在的实理（程颐）。这一时期的实学，把批判的矛头指向了佛、道的"空""虚"，重视社会生活的意义，以纠正主流精英喜好佛、道而导致的消极、厌世流弊，从而将知识分子的精力集中到解决现实社会问题上来。

　　清朝初期的大儒顾炎武、黄宗羲、王夫之、颜元等，深刻反思了明朝灭亡的教训，发现理学、心学固然在对抗佛、道方面有长处，但存在囿于道德、流于空谈的弊病，导致知识分子"愧无半策匡时难，惟余一死报君恩"。因而，清代学风开始转向，众多知识分子开始重新整理、反思中国传统学术，倡导传统的"实事求是"治学方法，成就了乾嘉考据学派的高峰。随着清朝中后期的社会发展，各种社会矛盾逐渐突出，至晚清时期经世实学蔚然成风，天文、地理、水利、漕运、钱粮、军事、科举、刑狱、荒政、盐铁等方面都纳入实学的范畴，更突出了治国理政的功能。而且在更广阔的政事、财赋、兵制、水利、漕运等方面都进行了系统梳理，为晚清经世实学奠定了坚实的基础。清朝的实学，中前期主要在于通过文字、音韵、训诂等小学功夫研究经典原意的考据实学，后期主要包括对社会生活各个领域系统研究的经世实学。这方面的内容，可以读一读《清代社会与实学》《晚清经世实学》等书籍。晚清西学开始进入中国，在"三千年未有之变局"面前，有识之士逐渐开始研究西学，很多学者将西方新学也纳入实学范畴加以研究、提倡。因而，从一定意义上说，西学也是晚清经世实学的重要组成部分。

从实学发展的几个主要历史阶段看，实学的含义不是固定不变的，而是有一个演变的过程，但万变不离其宗，都有一个突出的特点，就是强调崇实黜虚、经世致用，主张合理利用各种学术，关切各个时代的主要矛盾，回答时代面临的不同问题，主张学术要对治国理政有益，从而达到经世致用的目的。

今天，顺应当前"国学热"的大环境，实学的发展应坚持"继往开来"的原则。"继往"就是在前人研究的基础上，进一步讨论、修正、总结已有的研究成果，巩固理论基础。如关于实学的内涵，20世纪80年代以后曾开展过大讨论，诸多知名学者之间有过非常激烈的争论，有北宋以来的"实体达用之学"（葛荣晋)、受西方科技知识冲击而产生的"实用实测之学"(杜维明)、"切实有用的学问"(罗炽)、"经世致用之学"(张显清)、"中世纪走向近代的哲学思潮"(成复旺)等。不仅仅是实学的内涵,实学与儒学、实学与理学、实学与心学、实学与早期启蒙思潮的关系等,都引发过激烈争论。这些争论激起了学界对实学研究的热情,在争论中提高了实学研究的水平。今后的实学研究,仍有必要进一步梳理前人的研究成果,形成更加具有系统性的基础理论体系。

"开来"就是在"继往"的基础上,努力构建面向当前时代的新实学,强化实学的经世致用特征。古人正是为了防止学术脱离社会实际,才格外强调要讲"经世致用之学",甚至以"实学"标榜自身学问对于解决现实问题的有用性。实学史的研究、梳理当然不可少,树立现实视角、关注现实问题同样是实学研究中的重中之重。不能致力于现实问题,就无法证明实学对今天社会是"现实有用"的学问。从现在的学者组成和知识结构来看,相对于"继往","开来"的难度更大。在若干年时间里,我们要团结国内有志于从事实学研究的年轻学者,在构建现代新实学的同时,形成一个具有时代精神和特点的现代新实学流派。当然,这不会是一蹴而就,还需要各位学者的不懈努力,可谓任重而道远。

那么,研究古今实学有什么意义和价值呢?可以说,实学思想是中国共产党人实事求是思想路线的重要历史渊源。实事求是本身就是中国传统经典研究的重要方法,清朝乾嘉考据学派就非常重视"实事求是"。湖湘学派的胡林翼、曾国藩等人的思想,都深刻地影响了青年时期的毛泽东。毛泽东青年时期的作品《体育之研究》中，也对清初提倡实学的顾炎武、颜元、李塨等人作出高度评价，认为三人"皆可师也"。这种学术上的传承，也为毛泽东能在以后的革命实践中，带领中国共产党摸索出独特的发展道路，提供了重要的思想基础。在实事求是思想路线的指引下，中国共产党才能克服教条主义、主观主义的困扰，不断总结经验教训，探索中国革命发展规律，最终实现民族的解放和独立。当前我们追求的中华民族伟大复兴，同样不能离开实事求是思想路线的指导，同样要高度重视在各项建设实践中总结经验教训，真正探索出属于中华民族的中国特色社会主义道路。

多年来，中国实学研究取得的成绩固然很多，但问题也不容回避。实学研究中存在的各种争论，如：实学的含义是什么？研究范围是什么？实学和儒学、理学的关系是什么？……可以说，实学研究会每次召开学术研讨会，都会围绕这些问题产生激烈的争论。这些争论固然有助于提高学术共识，但拘泥于各种争论，导致实学研究存在简单重复、无法提高和创新的状况。还有一个重要原因就是老一辈的学者年事已高，实学研究面临着青黄不接、后继无人的尴尬状况，以实学研究为主要方向的学者越来越少。不仅中国如此，日本、韩国同样如此。从每年培养的硕士、博士的总量上看，人数不算少，但能够以实学作为研究方向的则很少。同时，实学自身的特点，也要求在目前学科体系中要具有哲学、历史、法学等更多学科领域的背景，最好是质量很高的复合型人才能够投入。我们将充实更多的年轻学者加入这一研究队伍，为未来中国实学的发展储备更多的学术人才。解决这些问题，需要投入更多的资源，付出更多的努力。

　　希望能有更多人关注中国实学，希望更多年轻学者投入到建构当代新实学的研究中。也希望在不久的将来，一个新实学学派能够出现在中国的学术领域。

中国实学研究会会长

中共中央党校（国家行政学院）哲学部教授　王杰

目　录

序言　"实学"的古为今用 ………………………………… 1

第一部分　实学基础知识

一、实学内涵 ……………………………………………… 3
二、实学外延 ……………………………………………… 7
三、实学特征 ……………………………………………… 21
四、实学辨析 ……………………………………………… 54

第二部分　实学理论框架

一、中国实学 ……………………………………………… 61
二、明清实学 ……………………………………………… 83
三、新实学 ………………………………………………… 96

第三部分　实学人物传略

一、宋代实学思想家 ……………………………………… 109
二、元代实学思想家 ……………………………………… 128
三、明代实学思想家 ……………………………………… 137
四、清代实学思想家 ……………………………………… 161

主要参考文献 ……………………………………………… 205
后　记 ……………………………………………………… 210

第一部分

实学基础知识

一、实学内涵

什么是"实学"？为了从总体上认识和了解"实学"，我们有必要对"实学"的内涵、外延、特征以及实学与其他儒学形态的关系，作一简要介绍和说明。

"实学"并不是一个现代的概念，宋代以后的思想家偶用用之，明清之际的思想家使用频率较高。当然，与"实学"一词相关的内容，我们可以追溯得更早。总体来讲，实学是一种以"实体达用"为宗旨、以"经世致用"为主要内容的思想潮流和学说。中国古代的实学家提倡以"实心""实理"办"实事"，反对照搬书本，空谈"玄理"，不务实际。中国实学思想肇始于宋代，在明清之际达到高潮，是儒学思想发展的阶段性理论形态表现，并成为中国古代思想向近代思想转化的中介和桥梁。"实学"就其内涵而言，有狭义、中义、广义之分。

（一）狭义"实学"

狭义上的"实学"即明清之际的实学，我们称之为一种学术思潮，是儒学发展到特定历史阶段的代称。一般将中国的学术思潮大致划分为先秦子学、两汉经学、魏晋玄学、隋唐佛学、宋明理学、明清实学、近代新学。从狭义上讲，学界普遍认为，在19世纪存在一个"经世派"，其渊源可以上溯到17世纪，其实在18世纪也存在一派"经世家"。关于明清中后期到近代学术思想的划分，过去有不同意见。现在我们从当时思想家使用频率较高的语汇中抽取出来"实学"，把它定位为"明清实学"，得到了学术界广泛的认同，这也是与韩国、日本相关学者交流后取得的较为一致的共识。大家一致认为，实学是古代儒学最后一种形态、最后一种学术思潮，并与近代吸收了西方文化学术的"新学"相接壤。齐鲁书社1989年出版的《明清实学思潮史》、社会科学文献出版社1994年出版的《明清实学简史》，是对这一历史阶段实学思想的专门的研究成果。

（二）中义"实学"

中义上的"实学"是自宋初以来到近代以前学术思潮中的一个支脉。"宋明理学"是这一历史阶段学术思想的总称，如果细分，其中可以划分为程朱理学、陆王心学。有学者认为还应加上以张载、王廷相、王夫之等为代表的张王气学，而气学的理论和实践恰恰又是实学的基础。不管是以程朱为代表的理学派，还是以陆王为代表的心学派，其主旨都是追求道德性命之学，重实体而略达用，在理学思想体系中蕴含着"实"的一面。不管是程朱还是陆王，他们与理学末流不尽相同，提倡经国济民和实学经世。故此，我们将从宋初以来所谓"明体达用"的实学思潮称为中义上的"实学"。1994年首都师范大学出版社出版的《中国实学思想史》，就是这样一种中义"实学"理念的反映。

（三）广义"实学"

广义上的"实学"，是指儒学中偏重于经世致用的学术思想。显然，实学属于儒学发展到特定阶段的产物——与此前的学术主流相比，它突出了儒学的某些特质。我们可以从明清实学扩展到宋以后的中国实学思想史，甚至可以追溯到更早期儒学中的实学萌芽、内容。如此而言，我们能够探讨比如先秦某个儒学思想家的"实学"，也可以把广义上的"实学"看作是宋以后实学产生的萌芽。当然，亦有学者探讨其他诸如道、佛、法等家相关治国理政的观点，将其看作"实学"，这是更宽泛化的理解。从广义上讲，尧、舜、禹、汤、文、武、周公、孔、孟，乃至北宋五子、南宋朱子、明代王阳明等皆属于经世实学代表人物，而先秦诸子学、两汉经学、魏晋玄学、隋唐佛学、宋明理学、乾嘉汉学皆属于经世实学的学术形态。

20世纪80年代以来，以葛荣晋先生为代表的主流的实学学术研究共同体基本上对实学持狭义和中义上的框定。葛先生在和韩、日学者的交流中，还提出了"新实学"概念，主张对历史上的实学思想研究要结合现实，挖掘其中可以应用于当代的实事求是、改革创新等思想资源。

实学是中华优秀传统文化的重要组成部分，是中华优秀传统文化传承发展脉络中的主流思想倾向。在悠久绵长的历史文化发展进程中，实学一以贯之地体现出实事求是、崇实黜虚、经世致用、知行合一的思想宗旨，主张在内圣修养的基础上开物成务、利用厚生、经世济民、参赞化育。实学思想源远流长，亘古至今，具有旺盛而恒久的思想活力，是中华民族生生不息的思想源泉。我们今天倡导的实事求是、求真务实、实干兴邦等理念无不与古代实学有着紧密的联系。

二、实学外延

实学主要有以下几种形态：经世实学、心性实学、实测实学、考据实学和启蒙实学等，其中经世实学是中国实学的主流和核心。

经世实学的基本精神就是主张"经世致用"。经世实学既表现为揭露与批判在田制、水利、漕运、赋税、荒政、兵制、边防、吏治、科举诸方面的社会弊端，又表现为提出与实施各种旨在改革时弊的救世方案。同时，在学术上还包括明经致用论和史学经世论，把治经考史看作经世的重要思想武器。

心性实学（日本实学界称之为"实心实学"）以心性本体为核心，通过与工夫、适用范畴的互动，发掘出"内圣外王"的深层境界。工夫和本体的互动构成了儒学"内圣"部分的架构，本体和适用的互动则构成儒学"外王"部分的架构。

实测实学，是就中国经世实学的科学内容和基础而言。它既包括中国传统的古典科学，也包括从欧洲输入的西方近代科学；既包括天文、历法、数学、音律，又包括地理、农业、水利、生物及各种技艺等多种学科。从事探索自然奥秘的各种科学研究，归根到底，是为经世实学服务的，是经世致用的一种重要手段。

考据实学，是就中国实学的经学内容和依据而言。从明中叶开始，特别是清代乾嘉时期，随着实学思潮的兴起和发展，在经学领域，出现了与"宋学"相对立的"考据学"的复兴，主张以专事训诂名物的汉学代替以己意解经的宋学，以主实证的汉学代替凭空议论的宋学。这种实事求是的考据实学往往流露出知识分子的忧患意识，以考据为手段来阐述他们的经世思想。

启蒙实学，是指从明中叶开始至晚清时期，随着西学的大量输入，出现的一股具有近代启蒙意义的意识形态，它既表现为在社会政治领域的另一种性质的经世之学，又表现为在哲学与文艺领域的某些启蒙思想的因素。

中国实学研究会在继承古典实学传统的基础上，倡导构建"新实学"的理论形态，在东亚思想界引起了积极的反响。今后，中国实学研究会将继续发掘儒学在管理、经济、文化、军事、法治、医学、外交等方面的资源，发挥其经世致用的功能，助力民族文化复兴，服务治国理政，打造新时期的"经世儒学"即构建"新实学"。

（一）经世实学

所谓经世实学是指晚明清初兴起的一种旨在以学问明道救世、康济艰难的达用之学，经世实学最突出的治学诉求就是以实救虚、经世致用，在批评晚明清初社会固弊的同时，亦提出诸多兴利除弊的救世主张，倡导回归原始儒家修齐治平的经世传统。

实学家赋予经世实学以积极入世的人生取向，将儒家传统的内圣外王之学升华为实体达用之学。明清经世实学，从宋明的道德性命学说转向利于国计民生的实体达用之学，治学以利济苍生的实功、实用之学为要，体现了重实践、重实政、重实功、重实用、重民生等鲜明的外王经世特征，引领了明清新的学术风向，展现了富国强兵、经邦济世的社会改革愿景。

经世实学作为中国实学的主流与核心，在中国实学思想史上占据极为重要的位置，其他诸如实体实学、实测实学、考据实学、启蒙实学等实学形态则是从不同层面对经世实学加以阐释。就理论层面而言，传统的以实体论、实性论、实行论、实功论为体系构建范畴的实体实学是经世实学的理论基础。就科学层面而言，包括中国古典科学、欧洲传入的西方近代科学及各种实用性技艺性学科的实测实学是对经世实学的科学阐释。就经学层面而言，清乾嘉年间兴起的与宋学相对的专事训诂考证的考据实学（亦称乾嘉汉学）是对经世实学的经学阐释。就意识层面而言，启蒙实学是明中晚期至清中期兴起的具有近代启蒙意义的意识形态，在社会政治、经济、文化诸领域表现出明显的启蒙色彩。

17 世纪经世实学代表人物有顾炎武、黄宗羲、王夫之、陆世仪、陆陇其、颜元等人，明末儒者在总结明亡清兴历史经验时认为，明末士人"以明心见性之空言，代修己治人之实学"，进而导致"神州荡覆、宗社丘墟""亡国亡天下"的流弊，开始从思想上对明末学风进行系统的批判："不习六艺之文，不考百王之典，不综当代之务，举夫子论学论政之大端一切不问，而曰一贯，曰无言。"学者志存经世，或聚焦于经学，或专向史学，或梳理经世文献，皆博通天文、地理、河渠、兵法、井田等，为后世学术开辟了新风气。

18 世纪经世实学代表人物有官献瑶、朱泽沄、孙嘉淦、陈宏谋、方观承、刘统勋、陈大受等人，他们多为一方官员，关注粮政（范围涉及仓储、赈粜、禁囤、禁遏、禁价、平价等）、垦政、财政（地丁合一，永不加赋）以及盐政、漕政等，他们面对实际的治理问题，以实学为实政。

19世纪经世实学代表人物有龚自珍、魏源、林则徐、左宗棠等人，他们的前驱则有阮元、包世臣、陶澍、贺长龄等人。他们对乾嘉考据风气不满，也批判当世空谈性理之学，"自古有不王道之富强，无不富强之王道"。面对世变，他们重拾经世致用的学风，主张睁眼看世界，进行变革，富国强兵，反对帝国主义的侵略。他们的主张在社会上起着振聋发聩的作用。

经世实学或许给我们这样一个启示，如何在学习儒学经典的同时，增强当代意识，结合当下之急务，为当今中国和世界展现更高的理论视野和更为恢宏的经世之术，应当是我们在重新挖掘传统文化时的一个方向。

（二）心性实学

我们现代学人一般探讨的实学概念，更多是指儒家重视经世致用外王事业的层面，而非内圣层面的心性修养。相反，实学概念在明清之际的流行，一定程度上恰恰是作为心性内在修养的对立面出现的，所以就有了顾炎武、颜元等思想家对宋明时期心学一脉的严厉批评，就有了明末清初朱学地位的恢复。但是在当时的气氛下，脱胎于心学传统的部分学者，并未完全放弃心学的内核，如高攀龙、刘宗周、黄宗羲、李颙、孙奇逢等人，他们从学术立场反思明灭原因，亦对心学作了调整，容纳了更多儒家经世致用的因素，而不是简单地放弃心学这一精神财富。

从现代的观点来看，可以把这一调整看作"实心实学"或者"心性实学"。

从另外一个角度看，心学之中也有很多实学思想（这是更广义的心性实学）。比如，陆九渊、王阳明对心学的光大作出了杰出的贡献，在他们的思想中，讲究对心性的"实证"修养，并且要进行"事上磨练"，而且他们自身的事功都很突出。至于心学末流的"空寂"之弊，离开人伦社会谈修养，不大关注国计民生，这种倾向也是存在的。我们不能从整体上把心学与实学对立起来。可以这样说，心学突出的是"内圣"，实学突出的是"外王"，这两方面恰恰都需要在儒学的旗帜下统一起来。

重视王阳明心学和事功研究的日本实学界，往往把心性实学称之为"实心实学"。

心性实学的代表人物主要有陆九渊、陈献章、王阳明、湛若水等。

历史上不乏把心学与实学对举，标心学皆为空泛、虚疏者。应该说这是由于对心学只做了字面解析而产生的误解。考诸历史上心学修持有得者亦是处处求实、行实的。

心学的各类修持都要求在实处下功夫。心学开山陆九渊直说心学为实学，须从心、理实处用功："心学即实学"，以"本心之学"为实学，"做得功夫实，则所说即实事，所指人病即实病"，"宇宙间自有实理，此理苟明，则自有实行，有实事，所谓不言而信"，"某平生学问，唯有一实"。王阳明则从修心见体与修学科举之业的层面讲心学之实质："诸君要实见此道，须从自己心上体认，不假外求始得"，"谓举业与圣人之学相戾者，非也。程子云：心苟不忘，则虽应接俗事，莫非实学，无非道也，而况举业乎？"王阳明弟子王龙溪从经世讲实学："儒者之学，务为经世。学不经世，非儒也。……所谓格物致知，儒者有用之实学也。"心学之修持，无论是初学，还是悟后之修，都必须实实在在修持，才能有实际的成就。所以唐鹤征说："悟前悟后，凡有实功，皆实际也。"

心学修持是从事利民事业的基础与保证。心学修持为克成技艺之学奠定基础。心学修持有成，对六艺之造就有莫大之益。因为修学有成的任何技艺，不仅需下真实功夫，而且要有明悟之智慧，两者缺一不可。心学修持确能开发智慧。阳明曾自述修学书法之经历："吾始学书，对模古帖，止得字形。后举笔不轻落纸，凝思静虑，拟形于心，久之始通其法。既后读明道先生书曰：'吾作字甚敬，非是要字好，只此是学。'既非要字好，又何学也？乃知古人随时随事只在心上学，此心精明，字好亦在其中矣。"于此可知，阳明修心对于习书亦有促进作用。

（三）实测实学

所谓实测实学是指明中晚期因西学东渐的冲击而产生的一种实用实测之学。欧洲传教士利玛窦、龙华民、艾儒略、汤若望等将西方哲学、宗教神学传入中国的同时，也将西方自然科学如算学、力学、地学、医学、天学等带入中国，此类探索宇宙奥秘之学或技艺器物之学即所谓"格物致用之学""天文算术之学""象数之学""质测之学"，囊括了中国古代的天文、历史、算学、气学、矿学、舆地、水利、生物等格物游艺之学，也涵括了西方传入的声、电、光、热等实测之学。

西方自然科学知识的科学性和实用性契合明清之际学以经世的现实需要。明中晚期至清中期涌现了一批从事翻译、传播、推介西学的中国知识分子，他们试图通过翻译、推介和倡导西方自然科学知识与技能，将西方追求真知的科学态度、科学思维、科学精神引入中国社会，以此开启民智、开放思维。清儒方以智把有关这类自然科学的研究统称为"质测之学"，质即物质，测即实测，质测之学亦实测之学，"质测即藏通几者也"，旨在通过研究自然现象之特性，通晓天地万物所以然之理。明清知识分子如徐光启、方以智、李善兰、严复等突破了中国传统观念中"格物致知"的伦理意蕴，赋予其近代实验科学的认知意义，"格致学"成为近代科学的代名词，亦成为知识分子救亡图存、富国强兵的治学根本，一时兴起众多"格致学""格致家""格致书院"，西学作为一种精神文化在中国社会得以落地生根。

西学东渐对中国古代长久以来追求德性的文化传统既有冲击与挑战的一面，亦有补益、融合与创新的一面。在中西学术的冲突与会通之中，不论是以西补中，还是以中补西，西学东渐对明清经世致用的学术风尚皆有补益，拓展了明清儒者的学术视野和思维模式，丰富了明清经世实学思潮的思想体系，突破了中国古代知识分子专注儒家经典研读、轻忽自然科学知识的思维传统。他们开始理性地接纳、吸收西方自然科学知识，看待西学的态度亦从最初的"西学中源""奇技淫巧"之论转变为"中体西用""师夷长技以制夷"之说。西方自然科学求真务实的理性思维与注重实验的实测精神成为明清之际知识分子学以救世的新动向，亦成为促使中国古典科学走向近代科学的契机。

实测实学的代表人物主要有方以智、徐光启、李之藻、阮元等。

方以智受"西学东渐"思想的影响,把自然科学说成"质测之学",把哲学称为"通几之学",主张"寓通几于质测""通几护质测之穷",即寓哲学于科学,以哲学指导科学。

徐光启提倡经世致用,讲究功利,反对皓首穷经,抨击"名理之儒"不通科学和生产,坐而论道,空言心性。他在谈到以利玛窦为代表的"泰西诸君子"时指出:"其实心、实行、实学,诚信于士大夫也。"这里所谓"实学",既包括从西方传入的"格物穷理之学"(如物理学等),又包括从西方传入的"象数之学"(如天文、数学等)。徐光启还提出"富国必以本业,强国必以正兵"的主张,重视科学技术对国计民生的作用,人称其"平生所学,博究天人,而皆立于实用,对农事尤关心"。

李之藻师从意大利传教士利玛窦学习西方宗教与科技,为学主张"会通中西",将中国传统文化与西方先进科学融会贯通。针对晚明空疏学风,他抨击道学家"象纬河山,不识准望",对"眼前日用之事,大抵尽茫如也"。认为传教士所传西洋科技多为"我中国昔贤谈所未及",或为"中国儒先累世发明未晰者",主张大力推广之。他在《请译西洋历法等书疏》中,也把"西洋历法"说成实学,指出西学"总皆有资实学,有裨实用"。

阮元提倡实学,主张实行,赞扬近代的实测精神,提倡"算造根本,当凭实测",强调孔子的"一贯之道"乃"皆以行事为教","皆身体力行,见诸实行实事也",反对理学家鼓吹的"独传之心""顿悟之道"。此外,阮元还把中国古代的"天文算术之学"说成实学,指出"自明季空谈性命、不务实学,而此业(指天文算术之学)遂微"。

（四）考据实学

考据实学，是中国古代实学形态的一种，它主要指在经学研究领域中所表现出的尊崇经书原文原义、严谨细密、重实证、重实解真解的研究态度和方法。

所谓考据，是中国特有的一种学问。因为中华文明历史悠久，积累的文献浩瀚如海，加之岁月的漫长，后人难懂前人留传的著述，必须加以专门的辨析疏解，使其文明意畅。尤其是在古代社会享有权威地位和重要思想指导意义的诸种经书（如五经、七经、十三经），更必须作深入浅出的研究讲解，以使经义大明、庶民百姓也能知晓。这种专门研究经书的学问称为经学。又因经学主要研究经书的字词句意、音声训读和名物典章制度的考订核实，故又称为考据学。据梁启超在《清代学术概论》所揭示，"其研究范围，以经学为中心，而衍及小学、音韵、史学、天算、水地、典章制度、金石、校勘、辑逸等等。而引证取材，多极于两汉"。

经学发端于汉代，分为今文经学和古文经学。所谓"今文"和"古文"，最初只是指记录经书内容的两种字体，"今文"指的是汉代通行的隶书，"古文"则指秦始皇统一中国以前的古文字；治古文经书的则为古文经学，治今文经书的则为今文经学。除了这种文字差别外，在研究经学的态度和方法上，今文经学更重义理阐发，重经书的微言大义的探求，在解经时重主观发挥，蕴含有某种思想的创造性，且不乏宗教神学性，如董仲舒的公羊春秋学及孟喜、京房等的易学。相对于今文经学的重义理，古文经学更重先秦典籍的文字训诂和名物典章制度的厘清，显得更为朴实、更为技术性。

不论是今文经学还是古文经学，因其主要兴盛于汉代，故又称为汉学。到清代时期，在经学领域，出现了与程朱理学的"宋学"相对立的"考据学"的复兴，主张以汉代学者治经的方法来整理经典，而抛弃宋学的侧重义理的凭空议论；并特别强调"崇实致用"，反对空谈心性，力主以严格的经书文字解读来理解经书大义。在治经方法上，倡导回到汉代经学。故乾嘉考据学，又被称为汉学、朴学、清学，或乾嘉之学。无论其名称如何，乾嘉时期的经学，重考据，轻臆解；重实用，弃空疏。此诚如顾炎武所论，经学是"修己治人之实学"，换言之，所谓考据实学，即治学的实事求是和求真务实，不过是以一种特殊的治学领域来体现的。

考据实学的代表人物主要有顾炎武、戴震和钱大昕等。

顾炎武为学尤其重实用，提倡经世致用，反对空谈，注意广求证据。他说："君子为学，以明道也，以救世也。徒以诗文而已，所谓雕虫篆刻，亦何益哉？"主张士人应"博学于文""行己有耻"，实实在在担当起为国为民的责任。"愚所谓圣人之道者如之何？曰'博学于文'，曰'行己有耻'。自一身以至天下国家，皆学之事也；自子臣弟友以至出入往来、辞受取与之间，皆有耻之事也。"顾炎武是这样说的，也是这样做的。自27岁起，他一生辗转，行万里路，读万卷书，断然弃绝科举帖括之学，遍览历代史乘、郡县志书，以及文集、章奏之类，辑录其中有关农田、水利、矿产、交通等记载，兼以地理沿革的材料，开始撰述《天下郡国利病书》和《肇域志》。他倡导为救世而治学，重实地考察、调研，反对空谈心性，由此创立了一种新的重实证、实察的治学方法，成为清初继往开来的一代宗师，被誉为清学"开山始祖"。

戴震治学广博，哲学上他主张气一元论，反对理气二分，主张理在气中；由此他宣扬"天理"即在"人欲"中，孔孟儒学是重人情体人欲的，他坚决批判程朱理学的"存天理，灭人欲"之论，痛斥之为"以理杀人"。历史上，戴震更多地被视为一位经学大家。他精通音韵、文字、历算、地理，主张读经必由识字始，经义必由通字句来把握。他反对脱离经书文字的空谈义理，更反对师心自用的臆解经义，传经弘道，必须尊重、敬畏经书的文本字义，绝不能随意自作自化。

钱大昕不专治一经而无经不通，不专攻一艺而无艺不精。其治经长于考史。又工于辨文字之训诂，考古今之音韵，以及天文地理、草木虫鱼。历时近 50 年，撰成《廿二史考异》，纠举疏漏，校订讹误，驳正舛错，是一部杰出历史学研究著作。经史之外，他对历代文集小说笔记均有研究；对秦汉以来的金石文字、皇朝典章制度、满洲蒙古氏族，皆研精究理。

（五）启蒙实学

启蒙实学是明中晚期至清中期伴随资本主义萌芽的产生和发展而兴起的市民意识，是市民社会商品经济本质的集中体现，反映了新兴市民阶层的利益和诉求，亦是西方资本主义进入中国的思想前提。启蒙实学蕴含的近代启蒙主义的思想因子体现在社会政治、经济、思想文化、文学艺术等各个领域。

在社会政治制度方面，明清之际出现了民本主义的启蒙意识，具体表现为对君主专制的批判与抑制，并提出种种限制君权的理论构想。黄宗羲主张以"古之天下为主，君为客"取代"今之君为主，天下为客"，顾炎武则有"亡国"与"亡天下"区分的论断，将儒家经世传统转移到社会政治制度的层面，凸显了明清经世儒者由"私天下"到"公天下"的思想转向，具有民本色彩的启蒙意识萌初。

在土地经济方面，明清之际出现了一股解决土地兼并问题的社会改革思潮，如黄宗羲、王夫之、魏禧等分别提出"复井田""均田""限田"等土地改革主张，以促进社会经济的发展。其后，王源更为激进地提出了"惟农为有田""有田者必自耕"的土地改革方案，其中蕴含的制民恒产的土地制度思想，超越了以往解决土地兼并的各类思想主张，具有近代启蒙意义思想趋向。另一反映市民阶层利益的经济主张便是从传统的"重农抑商"到"工商皆本"的观念转变，黄宗羲、唐甄、王源等主张"工商皆本"，工商业与农业一样同属国民经济之本，反映了明清之际市民阶层对工商业的重视。

在思想文化领域，王艮、何心隐、李贽等经世儒者力图冲破宋明理学"存理灭欲""舍利言义"的人性禁锢，普遍追求人性解放与个体自我意识的抉发。王艮的"尊身立本"论凸显了个体的自我意识。何心隐超越君臣、父子、兄弟、夫妇四伦而独置身于师友贤圣之间，突破传统礼教秩序藩篱的同时有着民主平等的意味。李贽不囿于"孔子之是非"的道德判定准则，所谓"穿衣吃饭即是人伦物理"则肯定了人之私欲的合情合理，成为近代个性解放的先驱。

在文学艺术领域，兴起了一股反传统的新兴市民文学，比较典型的如徐渭的"本色论"、李贽的"童心说"、汤显祖的"至情论"、袁宏道的"性灵说"等，反映了新兴市民阶层在文化艺术方面的新的利益诉求。

启蒙实学的主要代表人物有王艮、何心隐、李贽、黄宗羲等。

王艮，泰州安丰场（今江苏省东台市安丰镇）人，王阳明弟子之一，泰州学派创始人。王艮思想中最具特色者当数"淮南格物"之说。如果发现"天下国家"不正，首先要做"反己"之工夫以端正自我，重视个体并希望都能达到道德的标准，希望造就一个"人人君子，比屋可封"的理想社会。

何心隐，江西吉安永丰人。何心隐听闻王艮的良知之学，遂弃举子业，跟从颜山农学习"心斋立本之旨"，并成为泰州学派的再传弟子。提出"凡有血气者莫不亲莫不尊"的平等观，反映了社会下层劳动群众和新兴市民阶层的要求，成为中国早期启蒙思想中最具时代特色的内容。

李贽，福建泉州人，明代思想家、文学家，泰州学派代表人物。其思想的核心是"童心说"，就是"真心"，不受"道理闻见"污染的生理自然之心。坚持"道不虚谈，学务实效"的原则，主张"行不离知""知不离行""知行相须"的知行观。认为专制统治者不受制约的权力导致了"今之从政者，只是一个无耻"的制度性腐败，这对晚清思想解放运动和五四新文化运动都产生了重要影响。

黄宗羲，浙江余姚人，明末清初著名思想家，浙东学派开创者。提出"工商皆本"主张，反对"以工商为末"的传统政策。

积极倡导科学精神，主张"深求其故，以明其理"，会通中西，缩短差距，以便赶上乃至超过西方科学。通过对照"三代"前后的政治，逐渐确立起"天下为主，君为客"的政治原则。

三、实学特征

（一）实事求是

实事求是，语出《汉书·景十三王传》，根据《汉书》记载："河间献王德以孝景前二年立，修学好古，实事求是，从民间得善书，必为好写与之，留其真，加金帛赐以招之。"意指河间献王刘德继承发展了崇实黜虚之传统，对于搜集来的先秦典籍，通过比对其他典籍或相关著述的记载加以印证，并将真本善本留下，然后将仔细誊写好的抄本连同重礼回馈献书者。

汉代大儒董仲舒是今文经学大师，主张经世致用，亦继承发展了崇实黜虚之历史传统。董仲舒特别指出："毋以日月为功，实试贤能为上，量材而授官，录德而定位，则廉耻殊路，贤不肖异处矣。"即不要以在官时日作为功绩考核指标，应该以考察贤能为上，要根据才能授予官职，根据德行而厘定官位，那么廉耻和贤能不肖就各处其位了。

王充是东汉著名的思想家、哲学家，其代表作是享誉后世的《论衡》，亦体现了崇实黜虚之宗旨，中有"九虚三增"，主要是批评虚妄言论和增饰的内容。概括起来就是"疾虚妄"。"疾虚妄"是为了求实诚，也就是求真。

　　唐代学者颜师古在做注时，将"实事求是"注释为"务得实事，每求真是也"。如果把实事求是看成是一种求真务实的科学精神，那么我们就会发现先秦以前也有这种务实的思想，比如老子的道法自然和辩证法思想，墨子的"三表"（上古圣王之事、百姓耳目之实、百姓人民之利）学说，荀子的"劝学"和重行，以及韩非的"因时变法""因参验而审言辞"等，都闪耀着实事求是的思想光芒。

　　明清之际实学家关于如何去"求"是，提出了很多深刻的见解。一是善于怀疑。方以智尤其不喜欢宋明理学的主观臆测和空谈心性，提倡"疑人之所不疑"和"博学积久，特征乃决"的考据方法，主张严谨、客观的治学态度，认为所有的证据必须可靠，经得起推敲，要敢于怀疑以往已有的知识和权威。二是多用归纳法。顾炎武在治学上就强调归纳为主，演绎为辅，他非常重视实事和证据，穷几十年搜集各种资料撰成《日知录》，观点寓于事实之中，理论来自翔实的资料和生活的总结。同时他还提倡要走出书斋，到社会生活中去检验。三是求证于经典。理学对于圣人之道，多采用以理义去推索的方法，这种推索往往根据己意来臆测圣人之道。即如朱熹就认为《诗经》有诲淫的成分在其中，因此要删改，曲解、肢解儒家原典精神的情况甚多。明清之际思想家厌倦了理学的谈空说玄，而是强调要把注意力放到古经注疏中来，寻求原典的真实含义。由于时代变迁，古今文字不同，要明白先贤的本意，就得通过训诂，通过文字学、音韵学、训诂学等手段还原其本来面目。四是求证于实践。治学是为了会通，会通的目的就是为了经世致用。会通要建立在确实可靠的事实基础之上，王夫之说"言天者征于人，言心者征于事，言古者征于今",一切理论都要落实到人、事、今上面,要言必有征,要有"可闻之实"为依据。

清代中期因为政治高压的原因,学者基本上都专注于文字、训诂、音韵等考据学的东西,而于经世致用则很少涉及。清朝随着嘉庆、道光时期思想控制的逐渐宽松,学者开始把重心转移到实践层面的经世致用上来。曾国藩明确提出了义理、辞章、考据和经济(经世济民)的观点,并且格外强调三者的落脚点在于经世济民,在于服务社会,"义理明则躬行有要而经济有本"。近现代以来无数仁人志士为中华民族的独立和复兴而奋斗,正是儒家实学的实事求是和经世致用精神在发挥作用。

实事求是这种说法,在中国古代的治学和治国理论中多次出现,《资治通鉴》中就出现了数十次之多。实事求是可以说是儒家文化尤其是儒家实学的核心理念之一。毛泽东在《改造我们的学习》一文中对"实事求是"进行了马克思主义的理论概括,亦体现了崇实黜虚之思想精华。实事求是从此成为马克思主义的精髓,成为中国共产党的思想路线和认识路线,成为中国共产党乃至中国人民思想文化、生产生活中的重要指南。实事求是在四个方面具有完全的科学特征:第一,承认世界的客观性;第二,承认客观世界的规律性;第三,承认人们可以认知和把握规律;第四,承认发现把握的规律可以指导人民的生产生活行动。

可以说,实学和马克思主义之间具有极为广泛的思想重合和价值共识,这一方面为实学从不同的侧面和角度发掘中华优秀传统文化的当代意义和时代价值,为在马克思主义指导下推动中华优秀传统文化的创造性转化和创新性发展提供了巨大的潜力和空间；另一方面推动了马克思主义中国化、时代化的机制路径和伟大成功。

新时代的实学，应该从马克思主义实事求是的精髓、党的实事求是的思想路线中汲取营养、获取力量，不断推动自身的充实发展、壮大提升，推动思想繁荣、实业发展和道德建设，并以自身的建设为马克思主义实事求是的精髓、党的实事求是思想路线的普及传播、主导指导作出自己应有的独特贡献。

（二）经世致用

经世致用，指学问必须有益于国事。《辞海》中的释义是：明清之际主张学问有益于国家的学术思潮。可以将之理解为，关心国事，关注社会，用自身所学解决社会问题及矛盾，从而达到国泰民安的目标。"经世致用"思想在中国历史文化中源远流长，充分体现了中国传统知识分子的社会担当，表现出以爱国为起点与核心的伟大精神。

儒家思想自产生之时，就具有强烈的经世致用的传统。"经世"指治理世事，"致用"指尽其所用。经世致用，就是做学问必须有益于国计民生和世道人心。这在明清之际经王夫之、黄宗羲、顾炎武等实学思想家发扬光大，而成为一种社会思潮。他们反对不切实际的空虚之学，认为学习古人的文章和行事，应"引古筹今"，以解释古代典籍为手段，发挥自己的见解，以治事、救世为要务，亦即研究学问要和社会实际相结合，关注社会，直面矛盾，并用所学解决现实问题，以求达到国治民安的实效。

经世致用是中华文明生命力的不竭源泉，体现了中国传统知识分子求真务实的精神和"以天下为己任"的情怀。它的内容主要有知行合一、体用一源、上学下达、内圣外王、通经致用、立德立功立言、格物致知、制器尚象、开物成务、崇德广业、利用厚生、由技入道、善假于物、实事求是、日用即道、反躬实践、质测之学、理存于欲、实修实证等。

经世致用的思潮以实用为宗，有以下五个特点。一是"务当世之务"，密切联系社会现实问题；二是穷源溯本、利济天下、勇于任事的精神；三是独立思考、致力创新的精神；四是注重调查研究、脚踏实地、崇实黜虚、求真务实的新风尚；五是研究范围广大，从儒家经典扩大到自然、科学、社会和思想文化领域。从明末到晚清，旧的传统思想观念与新的先进价值理念产生了激烈的冲突，在西学传入和批判理学的过程中逐渐形成了以"经世致用"为核心价值的经世实学思潮，这种思想解放运动为五四新文化运动做了理论和实践上的铺垫准备。

以往人们主张儒学只有价值理性，否认其工具理性的一面，其实是将儒学狭隘化了。经世致用的儒家实学是价值理性与工具理性的统一。价值理性虽然比工具理性更为本质，但是价值理性的实现必须以工具理性为前提。只要有一种价值理性存在，就必须有相应的工具理性来实现这种价值的预设。没有工具理性，价值理性的实现就是水中捞月。

经世致用思想的历史至少可以追溯到先秦思想家——孔子。孔子所创立的儒家思想，是中华文明的精髓。传统儒学本身就是一种"入世哲学"，孔子不遗余力地宣传他的思想，目的就是要改变春秋末年社会动乱、礼崩乐坏的局面，恢复他理想中的社会秩序。作为一种思想体系，儒家思想的一个重要特点就是不尚思辨。它不像其他哲学思想那样，用极强的思辨性去解释诸如世界的本原问题，今生与来世的问题或是人世与鬼神的关系等问题，而是很实在，甚至可以说是很实用地教人们如何做人，如何行事，教统治者如何治国。由此可见，儒家思想从其产生之时，就具有强烈的经世的传统，这对中国传统社会的知识分子产生了重大影响。他们吸收了这种经世精神，并将其作为自己重要的责任，自觉地担负起关心时政、关注国事、针砭时弊甚至救国于危难之中的使命。

西汉"独尊儒术"后，后世儒生以"通经致用"作为治学的目标及抱负，使其演变为儒家文化的一种传统精神和积极的入世价值取向。历代学者积极倡导经世思想，如张载的"为天地立心，为生民立命，为往圣继绝学，为万世开太平"，范仲淹的"居庙堂之高则忧其民，处江湖之远则忧其君……先天下之忧而忧，后天下之乐而乐"。历代经世致用思想的盛行都有一个时代特征，即社会转型之际或内忧外患之时，知识分子以多种多样的方式，或提笔立书，或言语号召，使经世之风广行于志士之间。当盛世太平之时，经世致用思想便如春雨润物，教化读书人的情怀。

以经世致用为特征的实学社会思潮，在明清之际达到顶点。士大夫中的优秀分子和新兴的士民代表反对空谈，主张关心时政；反对学术研究脱离当前的社会现实，强调把学术研究和现实的政治联系起来，并以解释古代典籍为手段，发挥自己的学术政治见解，用于改革社会。

主张经世致用的学者，以社会问题为中心，在"救世济时"

的思想指导下，发表时论，苦心孤诣地设计了各种社会改革方案。政治上他们猛烈地批判封建专制制度，揭露封建专制君主的罪恶，并提出了一些带有初步民主启蒙因素的主张，如黄宗羲"公其是非于学校"、顾炎武"庶民干政"的主张。经济上，针对封建的土地兼并，提出了各种解决土地问题的办法。这些办法都体现了"均田"的精神。他们提出的"均田"虽与农民起义提出的"均田"有根本不同，但表现出对农民问题的关心和同情。教育上，他们激烈地批判束缚思想的科举制和八股时文，注重学校教育，要求培养出真正有学问有实际能力的有用人才。哲学上，他们各有所宗，各有所创，呈现出思想活跃的局面。

鸦片战争之后，经世致用又成为主导思想。魏源、龚自珍等代表人物以挽救天下为己任，议论时政，揭露黑暗，开创了研究社会与批判现实的新学风，在救亡图存的旗帜下揭开了历史的新篇章。在中国近代历史转型时期，经世致用思想通过各种形式表现出来，同时又与时俱进，适应时代的改变。

习近平总书记在纪念孔子诞辰 2565 周年国际学术研讨会暨国际儒学联合会第五届会员大会开幕会上的讲话中指出，"儒家思想和中国历史上存在的其他学说都坚持经世致用原则，注重发挥文以化人的教化功能，把对个人、社会的教化同对国家的治理结合起来，达到相辅相成、相互促进的目的"，"世界上一些有识之士认为，包括儒家思想在内的中国优秀传统文化中蕴藏着解决当代人类面临的难题的重要启示"，其中提到的两个重要启示是"关于脚踏实地、实事求是的思想，关于经世致用、知行合一、躬行实践的思想"。我们分析习近平总书记这段话的论述，有两个方面值得特别关注：一是他说的传统文化范围是"儒家思想和中国历史上存在的其他学说""包括儒家思想在内的中国传统思想文化中的优秀成分";① 二是他说的应用领域是"国家的治理""当代人类"。在"原则"和"重要启示"中,习近平总书记反复提到的"经世致用"等观念,与实学的主旨不谋而合、紧密相关。

实学,反映了儒学的经世理念和价值,也可以叫作"经世儒学"。简言之,我们要构建"新实学",就不能局限于狭义化的某个发展阶段上的儒学,而应当利用各个阶段的儒学在"外王"方面的优势(为了保证"外王"社会事业的成功,实学亦关注"内圣"方面的修养),特别从"国家的治理"的层面,发掘它在社会管理、经济、文化、科技、军事、法治、医学、外交等方面的资源,发挥其经世致用的功能。由于"儒家思想和中国历史上存在的其他学说""包括儒家思想在内的中国传统思想文化中的优秀成分"都具有"经世致用"这样一些"实学"的特质,我们还应当具有更为广阔的视野和心胸,从道家、佛家、法家、兵家、墨家等"其他学说"中采纳精华,共同构筑"大实学"的理念,服务治国理政,助力民族文化复兴。

传统文化在当今社会的应用已经为诸多学者和社会人士所认识到,他们活跃在教育、企业等很多领域,提出了"生活儒学""乡村儒学""城市儒学""企业儒学""领导干部国学"等很多操作性方法,遗憾的就是这些"成分"太分散,极有可能被市场经济的大潮、外来文化的侵蚀所吞没。当然,各个"成分"的扩展、延伸,最后应该能形成一个整体,自觉的"整合"则

---

① 习近平:《在纪念孔子诞辰 2565 周年国际学术研讨会暨国际儒学联合会第五届会员大会开幕会上的讲话》,人民出版社 2014 年版,第 5、6 页。

将加速这一趋势。我们党提出的"中华优秀传统文化",力图从意识形态建构的高度,把传统文化作为一个有机整体,其中没有明确专指历史上哪家哪派;"两创"方法指明了自形式到内容适应时代要求变革的途径。细化、分化,代表着学术文化内涵式的"精微"推进;综合、整合,则标志着学术文化外延式的"块头"拓展。这两个趋势都有所体现。"新实学"的建构从一个侧面对"优秀传统文化"的整合无疑亦将遵循这些规律。

(三) 知行合一

"知行合一"一词最早出自宋元之际儒学家金履祥所著《论语集注考证》:"圣贤先觉之人,知而能之,知行合一,后觉所以效之。"这是说,先知先觉的圣贤,知而能行,思想与行为一致,是后知后觉之人效法的榜样。"知行合一"后来由王阳明发扬光大,发展成为较完备的哲学体系。古人所谓"知"多指道德观念、思想意念和事物之理,"行"多指道德践履和实际行动。"知""行"在今天好比认识和实践的关系。

作为哲学命题的"知行合一"虽出现较晚,但"知行合一"的思想其实始终贯穿于儒学之中,只是各家在具体论证时有所偏重。他们都认为知行必须统一,并将其看作为人为学的根本。王阳明集知行学说之大成,作为其哲学核心的"知行合一",可归纳出三层主要含义:

第一,知中有行,行中有知,知行一体两面。王阳明认为"知"和"行"的实现过程互为表里,能够深入实现的"知"就是"行",这样的"知"方不虚妄;能够清晰觉察的"行"

就是"知"，这样的"行"才不盲目。所以知行必须兼顾，不可偏废，无所谓先后。故他说："知是行的主意，行是知的功夫；知是行之始，行是知之成。"即知是行的主导，行是知的体现；知是行的开端，行是知的完成。

第二，真知必行，不行假知，注重躬行实践。知先行后论使一些人知行脱节，等待知得真切了才去躬行，以致终身不行、终身不知。针对时弊，王阳明指出："真知即所以为行，不行不足谓之知。"意思是说，真正的"知"必须付诸实行，没有"行"的"知"就不是"真知"。"致良知"就是将良知贯彻到日常生活的各种实践之中，实现知行合一。因此，他常强调在事上磨炼、在实践中求知。

第三，以知促行，为善去恶，强调自律自觉。王阳明认为"一念发动处便是行"，后人常以此误解他"销行归知"。其实，王阳明并没有混淆"知""行"，他视起心动念就是"行"，所以应该对善恶有高度自觉，这是慎独、自律的极致，对道德修养极有意义。他提倡"知行合一"是希望在道德规范上防微杜渐，因为道德上的知行问题是和认识上的知行问题分不开的。

王阳明整合前代知行观，阐明"行"是"知"的源泉，主张历事炼心，反对空谈，对后世进步的思想家、实学家和革命家影响深远。新实学视野下的"知行合一"观，强调的是理论和实践的辩证统一，将马克思主义认识论植根于中国知行合一的思想沃土中，可以找到一条更加适合中国国情的建设道路，这既是对传统知行观的创造性转化，也是对科学实践观的丰富和发展。

"知行合一"是实学宗旨之一。把言和行（知和行）联系起来考察，作为一个人的修养品德乃至于为政的标准，是中华民族重要的传统道德内容之一。关于知和行的关系，除了哪个在先哪个在后、哪个容易哪个困难等讨论内容之外，二者能否合一——用今天的话来说，就是理论和实践是否能够统一，这在中国思想史上是一个大问题。

1."知行合一"的历史演变

知、行并提始见于《尚书》"非知之艰，行之惟艰"和《左传》"非知之实难，将在行之"。春秋战国时期，"百家争鸣"从哲学上较为系统地反思了知行关系——关于认识的来源、求知的途径方法、验证知识的标准等问题，为秦汉以后思想家们的持续深入探讨奠定了基础。

明正德四年（1509年），贵州提学副使席元山（席书）向王阳明请教："致知"和"力行"究竟是一层学问工夫还是两层？阳明告诉他，知行本自合一，不可分为二事。自此，"知行合一"成为阳明心学一脉标举的重要哲学观念。此事发生在阳明"龙场悟道"之次年，说明他已将求得的人道规律（所谓"良知本体"）与人生实践融成一片，并在其后事业发展之中得到不断运用和历练。明末清初思想家王夫之进一步指出"知行相资以为用"，强调"行为知功"，"知之尽，则实践之而已"。尽管古代思想家对于知行的先后、难易、轻重、功用等具体关系问题上阐述的侧重点和得出的结论不完全相同，但总体上肯定了两者"不可偏废"，"相须""相发"，"并进而有功"。在中国古代哲学思想发展中，对知行关系的探讨，主要是在人文道德领域里展开的；近代吸收西学之后，对此又有所拓展。孙中山提出"以行而求知，因知以进行"，这种观念乃是建立在民主革命实践基础上，且涉及对近代科学知识效用的反思。

中国共产党成立之后，致力于把马克思主义运用并指导于国内的社会革命和改革实践，始终面临着如何处理好科学认识（理论）和实践的关系问题。20世纪30年代，毛泽东最出色的哲学著作之一《实践论》，其副标题即为"论认识和实践的关系——知和行的关系"。这表明，在"中国化"过程中，马克思主义哲学最显明的"实践"特色与中国传统哲学"知行合一"的本质特征融合起来。《实践论》概括了人类认识过程的总公式，即"实践—认识—实践"，强调"两次飞跃"特别是"第二次飞跃"的重大意义，不仅发展了马克思主义的实践观，也较为圆满地解决了中国传统哲学知行关系问题。

历史一再地显示出，反映客观事物本质和规律层面的认知和科学理论，其产生是极为不易的，而有了科学的、普遍性的理论，也不等于一定能完全解决人类面临的现实问题。从"行"产生"知"，从认知、理论再回到现实实践，有利益的交织亦有价值的交锋，涉及方方面面复杂环节。因此，知和行、认识和实践作为哲学认识论中一对深层矛盾，在人类社会发展中以不同的形式表现出来；两者的"合一"是一个具体的、历史的过程，步步需要发挥人的主动性、创造性。中国共产党人正是在反对将两者割裂的教条主义、经验主义的斗争中，搞清楚了一般性与特殊性、原则性与灵活性等关系，从"必然王国"不断迈向"自由王国"，一百年来推动中国社会一步步从"站起来""富起来"迈向"强起来"。

2."以知促行、以行促知"与"行胜于言"

党的十八大以来，在国际国内多个场合中，习近平总书记从政治、外交、文化教育等角度多次谈到"知行合一"，对这一中华优秀传统文化思想作出新的阐释，使之成为当代治国理政的重要思想文化资源。尤其是在全面加强党的建设上，他强调党性修养是共产党人的"心学"。要把自己摆进去，把职责摆进去，把工作摆进去，学用结合，知行合一。知与行如何合一？知是基础、是前提，行是重点、是关键，必须以知促行、以行促知。在十九届中央纪委三次全会上习近平总书记强调，领导干部特别是高级干部必须从知行合一的角度审视自己、要求自己、检查自己。①

毛泽东同志把"改造自己和改造世界"并提，是对马克思、恩格斯"改造世界"外向实践活动的丰富。中华人文理念非常注重对认识和实践主体本身的修养和改进工作，中国化马克思主义显然深受此种内向实践文化的影响。回顾改革开放40多年的历程，我们党"在进行社会革命的同时不断进行自我革命"，从中华优秀传统文化中汲取相关资源逐渐成为必然——"在加强党性修养的同时，弘扬中华优秀传统文化"。从"知行合一"的角度"审视自己、要求自己、检查自己"，我们对此不能简单理解为一般的自我反省、自我反思、自我批评，而要从"自我革命"的方法论高度去深刻认知。大量案件表明，知和行分离的后果就是，党内出现口是心非的政治"两面人"，对中央决策部署阳奉阴违。这些人口头一套、行动一套，从内部侵蚀党的执政基础，"必须及时把他们辨别出来、清除出去"。王阳明为什么讲"破山中贼易，破心中贼难"呢？革贼人之命当然不易，但自我革命更难，对自己下不了重手啊！古人讲"修身审己"，从哪里入手？对我们共产党人来说，"修己最重要是修政治道德"，

---

① 《习近平谈治国理政》第三卷，外文出版社2020年版，第87页。

言行一致体现在对党的忠诚上。王阳明认为，"天下之不治"，是由"上司之人"造成的，"关键少数"在整个政治生态中以身作则具有示范效应；"致权也有道"，要把住权力的方向，用权要有使命、责任意识。人类自我的欲望把自己推向覆灭。不少盛极一时的王朝在建立初期，往往能够鉴于前朝覆灭的教训，注意励精图治，注重反贪反腐，以争取民心、巩固江山，而到了中期特别是后期，往往奢靡腐败之风滋长蔓延，直至病入膏肓。只有勇于直面自身存在的问题，不断清除害群之马，善于练好内功，经常打扫庭院，焕发出更加强大的生机活力，才能为实现党和国家事业新发展提供坚强保障。与其他实践活动不同的是，政治活动主要表现为统治者或执政集团带领社会大众为完成某种理想和使命而进行的组织性活动；领导核心必须带头践行自身倡导的理念和目标，引领所属成员以及社会大众来共同实施。习近平总书记为什么反复强调各级领导干部特别是高级干部要从自身做起，给下级带个好头，官当得越大，就越要谨慎呢？我们理解，这里讲的"职位越高"越要"带好头、作表率"，就是要把知与行统一起来。

行胜于言。思想的力量只有在行动中才能发挥作用。只有在行动的过程中才有机会获得成功、创造奇迹。我们要"把思想转化成为行动"，因为"社会主义是干出来的"。讲求官样文章、主观臆断地瞎指挥的官僚主义，善于应付表态、做表面功夫的形式主义，都既无真知亦无真行，必须力戒。在选人用人上，既听其言更观其行，体现讲担当、重担当的鲜明导向，把敢不敢扛事、愿不愿做事、能不能干事作为识别干部、评判优劣、奖惩升降的重要标准，把干部干了什么事、干了多少事、干的事组织和群众认不认可作为选拔干部的根本依据。总之，领导干部能否在"知行"上做到"合一"的政治自律，关乎我们能否跳出历史周期率，实现党和国家事业兴旺发达、长治久安。

"以知促行、以行促知"是知行合一、认识和实践相统一的重要体现方式。在社会生活中，由于脑力劳动和体力劳动分工、主客观局限性等原因，人们往往把知和行、理论和实践机械地割裂开来。如果理论经过严密逻辑的论证和实践的反复检验，那么它就是正确的、科学的，但在运用时一定要将理论的普遍性和具体实践的特殊性有机结合起来，根据不断变化的实际进行调整，不能不顾具体情况教条主义地搬用、套用——应用中出现挫折、遭受失败，就要反思运用的方式、力度、时机等因素是否妥当，重新调整实践的方向、角度。在没有成熟理论作指导之际，应允许大胆地去试验、去探索，并将实践摸索取得的成功经验在一定范围进行推广，进一步进行验证、完善总结，当意识到其具有普遍价值时，不妨在全局和整体中展开运用，及时上升到一般性的理论指导——要摸索、冒险，也有可能"交学费"、付出一定代价，关键是理性地迅捷作出判断和结论，使后来者不再盲从，避免不必要的"蹚雷"而遭受无谓的牺牲。把"理"悬空或盲目地"行"都是要不得的；相互促进，良性互动，中国特色社会主义的理论和实践才能不断推向深入。

3."口言之，身必行之"

2017年11月10日，习近平主席在亚太经合组织工商领导人峰会上的主旨演讲中指出：中国古人说："口言之，身必行之。"实现亚太更大发展，需要每个成员脚踏实地拿出行动。"口言之，身必行之"出自《墨子》，原文为："政者，口言之，身必行之。今子口言之，而身不行，是子之身乱也。子不能治子之身，恶能治国政？"告子认为自己有能力治理国家，墨子告诉他："从政之人，嘴巴上说的，行动一定要做到。现在你口能称道而自身却不能实行，这是你自身的矛盾。你连自己都管不好，哪里能治理国家呢？"墨子认为，"言义而弗行，是犯明也"，即明知故犯。

中国哲学在本质上是知行合一的。思想学说与生活实践融成一片。中国哲人研究宇宙人生的大问题，常从生活实践出发，以反省自己的身心实践为入手处，最后又归一于实践，将理论在实践上加以验证。一般来说，古代中国的思想家大都是直接置身于实践活动之中，不光有耕读传家的农业、手工业生产实践，还包括修身齐家的道德实践、施政治国的社会实践等等。他们大都认为，学习理论知识不是目的，真正的目的是将所学的理论借助于实践，用于现实生活中去。孔子说，"君子耻其言而过其行"，将实践与言论的统一上升到道德的高度。他主张，"其身正，不令而行"，本质上即为强调政治思想首要的是统治者自身先去实践，百姓才能自觉跟从。根据知和行统一的程度，荀子甚至从国家需要上区分了几个层次："口能言之，身能行之，国宝也；口不能言，身能行之，国器也；口能言之，身不能行，国用也；口言善，身行恶，国妖也。治国者，敬其宝，爱其器，任其用，除其妖。"所谓"国宝""国器""国用""国妖"，就是按言与行是否一致分出的等次：最好的"国宝"是说到做到，最差的"国妖"是言行相悖，说一套，做一套。孔子一再对"讷于言而敏于行"的人表示欣赏，批评"巧言令色鲜矣仁"，与墨家学说一致，作为儒家开创者，孔子也把能否处理好言行关系看作是国家政治生活极为重要的方面，并提到"治国理政"的高度去认识。

思想文化观念和行为一定程度上的分野，理论和实践相对区分，以觉醒的意识（语言作为其符号）指导自身的活动，在历史上标志着人类从动物界脱离后的进步。局部上看，知识及其应用或许存在分离的现象，但从整体上看，二者则互相促进并最终合一，否则，言论知识变成无用的摆设，而行为即成为盲目的活动。在私有制为基础的社会中，统治阶层的私利和人民大众的长远利益本质上是冲突的。从根本上看，一些进步思想家和政治家提出的美好主张、设想，无法长久地、真正地落实到现实层面，最终，历史不可避免陷入"一治一乱"的周期性循环。中国历史上思想家们关于"王霸"之争、关于道统与政统之争，亦反映了这种困境。有学者指出，历史文化并不缺乏对"真善"的弘扬，问题在于为什么有那么多"伪善"的存在？直至今天，不是还有国家打着"自由、平等、人权"等公平、正义的美名，行巧取豪夺、强权侵略之实？

从《尚书》中提出的"知之非艰，行之惟艰"，到近代伟大民主革命先行者孙中山提出的"知难行易"，历史似乎开了一个玩笑，又回到与之相反的出发点上。按照《共产党宣言》所说，"共产党人的理论原理"不过是"历史运动的真实关系的一般表述"，破除了所有制中占有观念的共产党人，"始终代表整个运动的利益"，由"为少数人谋利益的运动"变为"绝大多数人的，为绝大多数人谋利益的独立的运动"，① 理论的彻底性和实

---

① 《马克思恩格斯选集》第1卷，人民出版社2012年版，第411、413、414页。

践的革命性才真正统一起来。列宁说，"没有革命的理论，就不会有革命的运动"①。毛泽东提出，"共产党人的一切言论行动，必须以合乎最广大人民群众的最大利益，为最广大人民群众所拥护为最高标准"②，反过来说，只有合乎这一标准，我们的"言论行动"才有可能统一起来。共产党人干事业，一靠真理的力量，二靠人格的力量。同样如此，"干事业"能够成功的背后，靠的是言语之"真"，真切之"言"与美好之"行"是一致的。当然，作为特定时期和特定空间中的个人也好、集体也好，其认知不可能是绝对的，其行动亦非完美无缺，即便知和行的统一，也是历史的、具体的统一。若"言"为有局限性的认知，那么它不可能成为适宜久远行动的纲领，否定和超越是必然的。

墨子的"政者，口言之，身必行之"，其实和孔子的"为政以德"、老子的"以正治国"，都是一个道理。既然把执政的想法和理念宣之于口、昭告于天下，认为其符合政治活动的原则，那么自身带头去践行，当然也应该没什么问题。我国优秀传统文化中，从来都是自正正人，身教为先，言教次之。现实中部分官员言行不一，台上台下、人前人后，存在"两面人"的现象，只能被理解是"为什么人"的宗旨和目标发生了偏转，"利益"之天平倒向了自身，动机之"矢"方向迷失。重新的校正，就要找回"初心"。

"口言之，身必行之"不只适用于内政，也适用于外交。习近平主席在国际场合的演讲中提到这一古训，另有深意。我们注意到，国际上往往由于缺乏强有力因素的维护和制约，一些表

---

① 《列宁选集》第1卷，人民出版社2012年版，第153页。
② 《毛泽东选集》第三卷，人民出版社1991年版，第1096页。

态流于修辞，行动落实很困难。特别是，有些国家抱着实用主义的态度，管他什么国际原则和国际正义，自我言行相悖，一切唯利益"马首"是瞻，搞双重甚至多重标准。这种"短视"的做法，损害了互信，造成国际大家庭的不团结。我们大家都在地球这个"挪亚方舟"上，共建"人类命运共同体"，需要各成员国拿出切实的行动。2017 年 12 月 1 日，习近平总书记在中国共产党与世界政党高层对话会上的主旨讲话中指出："只要各方树立人类命运共同体理念，一起来规划，一起来实践，一点一滴坚持努力，日积月累不懈奋斗，构建人类命运共同体的目标就一定能够实现。"①

（四）崇实黜虚

所谓崇实黜虚，意即推崇实事求是之风，抑黜空寂寡实之学。崇实黜虚在中国文化中有着悠久的历史传统。

春秋战国年代，先哲们所认同、传授和整理的古代典籍，主要是所谓"六经"。作为儒家创始人的孔子最先担负起了删定和整理"六经"的历史使命。子曰："知之为知之，不知为不知，是知也。"又曰："述而不作，信而好古，窃比于我老彭。"又曰："夏礼，吾能言之，杞不足征也；殷礼，吾能言之，宋不足征也。文献不足故也，足则吾能征之矣。"他还曾对子路曰："君子于其所不知，盖阙如也。"先师孔子所言所行充分体现了崇实黜虚之宗旨。

---

① 习近平：《携手建设更加美好的世界——在中国共产党与世界政党高层对话会上的主旨讲话》，人民出版社 2017 年版，第 4 页。

与宋代理学家普遍重义轻利不同，南宋功利学派认为，义利是统一的，既要重视道德价值，也要重视物质利益。陈亮就反对性理空论，而主张倡行事功，持功利、道义并立论。讲求实际功利是叶适的基本价值准则，他提出"义利并立"，强调结合"事功"讲"义理"。清儒颜元主张"正其谊以谋其利，明其道而计其功"。应该说南宋功利学派之思想观点亦是受当时南方商业较为发达所影响的，也是与之相适应的。然其功利思想在当时的社会历史中并不是主流。南宋功利学派重义利统一、经世致用，可以说是宋代及以后经世致用思潮的开端，继承发展了崇实黜虚之历史传统。清代是汉学复兴的时代，亦是实学大兴之时代。顾炎武说"修己治人之实学"，王夫之主张黜虚崇实、经世致用。由此可知，清代汉学之复兴，实学之大行，一方面源于政府之推崇，亦是清儒对晚明诸儒袖手谈心性、浮泛空疏之风的自觉抵制，是学术发展过程使然。

实学当然以开物成务、崇实黜虚为宗旨，但是否所有的"虚"都没有意义呢？也不尽然，这取决于我们在哪种层面上来理解"虚"。如果此"虚"为不切实际的空想、虚张声势的口号、假模假式的礼仪之类，那当然是要彻底摒弃的。但是，如果此"虚"是为了衬托"实"，或者为了实现"实"而存在的，那它就是必要的了。比如《道德经》第十一章讲："埏埴以为器，当其无，有器之用。凿户牖以为室，当其无，有室之用。"在这里，器皿中间的空洞、房子的户牖，它们都是某种"虚"的东西，但却正是因为有了它们的存在，器皿和房子才成其为器皿和房子。这样的"虚"难道不是很重要吗？也正是在这个意义上，中国古代美学特别强调"虚实相生"，如著名的"马一角""夏半边"等画家，就是典型的例子。在心学修养中，往往也强调"心本体"之自身的虚灵，这种虚灵的境界，恰恰也是为了开出外在功业的需要。所以，关于虚实之间的关系，我们应该辩证地看，不能把不同层面的虚实关系绝对对立起来。

1. 宋明儒学的"实""虚"之辨

宋明儒学在何种意义上是"实学"呢？或者说它在何种意义上成为正统实学的思想资源和批判对象的呢？

（1）"气学实学""实"在何处，因何趋"虚"？

宋明时期，具有实学色彩的"气学"主要以张载、王廷相和王夫之为代表，"气"是他们思想的核心范畴，因此，无论其"实"还是"虚"都离不开"气"的体性和功用。根据中华文化的"气"论和宋明"气学家"关于"气"的论述，"气"在形而上的体性上就是"道"，与道家老庄之"道"直接相通，而其形而下的功用则表现为阴阳、五行、八卦乃至万事万物等。前者是宇宙的终极存在，是一种"虚在"，即"虚体实在"，就是张载所谓无形之"太虚"——它确确实实存在，但又不以人的感觉器官甚至科学仪器能够观察或测知的形态存在，因此，它不是"实体实在"，却是一切实体实在的终极根源；后者就是可以观察或感知的存在，也是可以通过经验理性来把握的存在。"气"显然不是现代科学范畴内的有形实体的存在，而是一种"能场态"的存在，更多地表现为功能、属性等，可称为"功用实在"。宋明气学以"气"观"道"，以"气"观宇宙万物，从而确立气学的形上基础，实际上也是宋明理学的哲学基础。气—器—道（理）的逻辑，一方面表明气学的气一元论或气本论特质，同时也体现了气学逐渐走向"器学"的倾向，从而愈益具有形下"实学"的特征。

"气学实学"之所以是"实学"，它就"实"在"气"上，气是中心，其他则是气的根源或变化形态；当然，在哲学派别上，我们说气学属于唯物主义，因此，其"实"就有"客观实在"的含义，以反对佛老之"虚玄"。但是气学之所以具有实学特质，最显著地体现在其他方面：首先是认识论，气学尊重客观经验性和"行"对于知的决定性意义；其次在修养论上，气学强调人的道德践履重要性；最后，在理欲之辨上，明确倡导修齐治平之"天理"，而斥责为一己身家子孙福禄之"人欲"，前者即是"大欲"——公理、公欲、公心，后者便是私欲、贪欲、私心；所谓"存天理灭人欲"就是存养公心而消除私欲，这是内圣外王的实修践履之道。

显然，气学之"实"表现为方方面面，始终未脱离儒家内圣外王、经世致用的实学精神；而其"虚"化的根源也恰恰蕴藏在这个"实"中——由于太过强调气的实在性，以至于把宇宙之本归到"器"物上来，因而，"气"实际上也便"虚"起来了；由于认识论上强调人的日常道德实践的根本意义，但经验上又很难把握"气"和"道"的实在性、客观性及其内在运动机理的复杂微妙性，因而"气""道""太虚""太极"等具有形而上道体意义上的范畴便被"虚"化起来。实际上，作为一种形而上的"虚体存在"，"道""气"等是可以通过发挥人的直觉体悟智能而实修实证来体察和认知的，倘如此，"气"便"实"了，"气学实学"被称为"实气"实学便名副其实了。而这个"直觉体悟"的实修实证工夫被理学和心学采纳了。

（2）"理学实学""实"在何处，"虚"在何处？

统观宋明理学，"理"之形上含义应近于老子之"道"或《易》之"太极"，实际是指宇宙万物变化的动力实在——阴阳变化之"混元神机"；而"理"的形下含义则是指规律、趋势、道路、方向，乃至状态、方式等，就是变化的规律、规则、秩序，是规律性或机制性实在；如果具体到人类社会，当然包含了人伦道德、法律制度等。但这里的"理学"，与"宋明理学"之"理学"有所区别，特指其中以二程兄弟和朱熹为代表、最为典型的理学学派。程朱理学秉承儒家教化、治政的传统，"抱德修道"，辟佛排老，摈弃文章训诂之弊，内求圣道、外行王事。他们从天理、事理、物理、人理的形上思辨中引申出气禀之性和天命之性的二元论人性观，为其修养学说奠下基础。

"理"虽然是程朱理学的核心范畴，也是其在理论阐发和哲学体系建构上最具独创性的范畴，但作为"实学"，其"理"在"客观唯心主义"意义上，既外在于人心，又先在于宇宙万物之"气"（理在气先），在现实生活中难以把握和体察，因而包含着"虚玄"化的逻辑趋势。实际上，尽管在儒学史上，程朱理学实修圣道的工夫未必是最高的，但是理学之"实"却也恰恰体现在其修养工夫方面。比如程颢以"主敬"工夫来"体仁"——达到"浑然与物同体"的仁之本体境界，要求修道者言语恭敬、容貌端庄，诚敬存之、敬以直内，并主张洒扫应对、慎独慎微；程颐主张用敬涵养以明天理，致知进学以穷物理，由此而"变化气质"，"心与理为一"。这些修养都不是口头工夫或意念，而是需要知见深透、付诸行动的，就连程门弟子都可以做到"质直弘毅，实体力行"。不仅如此，二程还积极参与政治，发挥其理学的治国功能，保持了儒学的实学精神。

朱熹被称为宋代理学的集大成者，在对理、气、性、心等概念的思辨论述中，提出了理本气末的"理本论"，他的全部学说都建立在这一哲学基础上。朱熹在认识论上主张即物穷理、逐一格物、渐进累积的认识方法，这显然是后来"质测实学"认识方法的萌芽——后世不少学者认为朱熹不仅不反科学，而且还开了中国儒家"科学"方法之先河，恐怕也与此相关。这一方法应用于他解注群经的治学上，形成"严密理会、铢分毫析"的思维方法，同时也导致被陆王所批评的朱熹学问的支离琐碎。但是，这也说明了朱熹理学方法论上的内在矛盾——这种相对外向型的求知路径显然不可能悟知本体；内求圣道本体、外求器物知识、逻辑考据训诂等，几种不同的思维路径和方法并未能很好地协调和综合运用。

（3）"心性实学""实"在何处，"实""虚"界限何在？

追溯到孟子的心性学说，总体而言，心学之"心"，在形而上的意义上应该属于"天人合一"之"道"，为心之本体或"仁体"实在，天人合一、心物一体的实在状态，并非纯粹主观的精神或意识状态，也并非外在于人的单纯客观的精神实在，王阳明称之为"天地万物一体之仁"；而在形而下的意义上，"心"应该属于从感性到理性、从经验到理论、从逻辑到非逻辑的认知或思维状态和能力，是作为人的意识过程和产物的精神客体，它不是客观实在，而是一种主观实在。相对来说，心学一脉，在实学的角度看，似乎并不注重心的第二层含义，反而在其第一层含义上下足了功夫，因而也有较大的收获；但这也许正是其后来流于清虚空泛、神秘玄妙的原因。

陆九渊是在与朱熹的争论中建立自己心学体系的，他承续朱熹"心即理"之说，并将二者界定为以心主宰的心理同一。接续并另解"即物穷理"，而主张通过"发明本心"来穷理，"仁心者，人之本心也"，一般人"弊于物欲而失其本心""弊于意见而失其本心"，因此不能全靠读书、思辨，而要"减担"，即清除"物欲""意见"对本心的蒙蔽，也就是"存心、养心、求放心"，"先立乎其大""收拾精神，自作主宰"。显然，这既是陆学认知天理（即物穷理）的方法，也是修养工夫。进一步，陆九渊区分"尊德性"和"道问学"，前者为本、后者为末；前者要从孟子所谓善性或良知良能出发，清心寡欲以保善良心性，后者则遵循朱子逐一格物的路径而获得经验性认知；前者支配后者，以简驭繁。实际上陆学"尊德性"就是一种直接了悟和整体把握，因而可以有"一明皆明""一是皆是"的思想方法。但是，九渊也存在明显的忽视外在知识学问的倾向，这也是导致其后续发展沦为空疏清虚之学的重要原因。

心学的集大成者无疑是明代王阳明。阳明一生在作出永留青史的外王事业（平定藩王叛乱）的同时，竟见缝插针般地修养心性、讲学不辍。讲的主要不是外王之学，而是以"心性实学"或"实心实学"形态呈现出来的内圣之学。实际上，阳明心学的一切都来自其实修实证心性本体的心学方法。阳明龙场悟道，悟得之道正是"知行合一"的"致良知"，而其前后又有多次类似的经历和体悟，乃至去世时发出"此心光明，亦复何言"的慨叹！相对来说，阳明虽然没有清代李颙在实修实证方面那么有条理、有层次，但是实修实证的工夫则是的的确确的，阳明心学谓之"实心实学"当之无愧。

阳明一生虽然内圣修为和外王事业在儒学历史上极为显著，但是阳明心学还是侧重于内圣实学，而在外王方面却"做而不述"。阳明经济、军事、政治，乃至诗书才艺等都赫然留世，但其外王事业的路径和方法则并不明了，仅其民本仁政思想及其政策建议、平乱息暴战略策略等见诸文字。他并不皓首穷经、训诂考据，而是以致良知之法救治理学"学者支离眩骛，务华而绝根之病"。实学之"实"实际蕴含着通过每个人的亲身实践来求得真知的意思，圣人学问既然是普天大道，那就人人可学、人人必学、人人实学而人人有得。但是，由于阳明心学多在形而上的意义上，舍去其"致良知"的实修实证工夫，则此心学的一切认知便必然流于神秘玄虚、空疏无用——这也是后来被视为导致明朝灭亡的清谈误国之心学的原因。实际上阳明心学本身并不承担多大责任，责任在于后学未能全部体会阳明学问——除了内圣心学，还有外王学问，而人们在感叹阳明显赫的外王事功的同时，忘掉了心学作为儒学之内圣必付诸外王的客观价值趋归。心学之实虚界限亦正在于此，令我们后人在仰慕阳明功业、承传心学之实学精神时，恒当在内圣外王之儒学真精神上加以体贴和践行。

2. 正统实学的"实""虚"之辨

正统实学，即是指发端于南宋浙东事功学派的陈亮、叶适，而发达成熟于明末清初的方以智、黄宗羲、戴震、顾炎武、颜元等，针对的正是广义理学内在矛盾中趋向于玄虚清谈、空疏无用的那个方面。当初是在理学内部发展，作为理学自身的一个否定方面，后来便突破理学的框架，成为一种全新的哲学思潮和科学范式。作为实学，最基本的特征是"崇实致用"，就是强调客观考察、征实研究，实事求是、经世致用，以"实"为中心，主张"实体""实践""实行""实功""实事""实心""实念""实言""实才""实政""实风"等。显然，这是把儒家内圣外王之道中的"外王之道"加以发挥和重新建构，大致是针对理学片面重视内圣之学而进行的儒学内部的矫正补偏。

（1）浙东事功学派的实学辨析

这一学派主要包括学无所承的永康派陈亮和学承程朱的永嘉派叶适。陈亮针对程朱，认为"盈宇宙者无非物，日用之间无非事"；"道之在天下，平施于日用之间"，"舍天地无以为道，天道常运而人道不息"——把道从天上降到了地下，从玄妙的心中落实到万物日用之间，具有相当的合理性。在王霸、义利之争中，陈亮一反儒学尊王贱霸、贵义轻利的传统，提出王霸、义利结合，从更高层次上来处理二者关系。他认为，王道、仁义无非是"爱人利物"的"救民之心"，而仁义之心又必须通过利民的实事实功来实现，这就是"义利双行、王霸并用"。这一看法显然颇有见地，王道行仁政而爱民利民，霸道行统一稳定之政，亦不失救民安民之心。在人格培养方面，陈亮补救孔子"汝为君子儒，无为小人儒"及程朱侧重君子人格的偏颇，强调将"才德双行、智勇仁义交出而并见"作为"成人之道"，理想的人格是：德才智勇兼备，有"推倒一世之智勇，开拓万古之心胸"，能建大有为之功业的"英雄豪杰"——实际跟孟子所谓有"浩然之气"、历经苦劳饿空乱为动心忍性，以及富贵不淫、贫贱不移、威武不屈的"大丈夫"人格相一致。

叶适立论不离儒学经典和礼仪制度，而其要旨归于事功。他通过批判孟子，基本否定了儒家的心性学说，认为孟子是后儒空疏学风的始作俑者；同时也否定了老庄道家，认为老庄是"虚无之祖"。在"道"与"物"的关系上，叶适认为，道是万物统一的法则，因而并不独立于万事万物而存在，故物在道在；认识道的正确途径是"内外交相成之道"，将物与己、耳目与心知之用结合起来，反对废弃见闻之认知路径。叶适反对"高谈者远述性命，而以功利为可略"，提出"善为国者，务实不务虚"，主张以利和义、义利并行。他不主张克除物欲、情欲，认为这都是人性自然。

陈亮、叶适的事功实学，凸显儒学外王之道，在宋朝屡屡处于危难的形势下，有其不可磨灭的实用价值。作为儒学思想家，他们在重言功利时，并没有彻底否定道德修养的重要性，只是拯救了程朱理学和九渊心学片面强调道德而忽视外王功利之弊。但实际上，起到了无视内在道德修养、心性本体之实修实证而夸大外在事功地位的作用，以至于后来的实学完全走上了外向、外化、外求，一味追求形下器物的路子。

明清实学似乎就是"经济"实学，即是"经世济国""经世济民""经世应务""经世致用"之学。下面从几个方面检讨辨析这一实学的基本精神，以查知其虚实。

（2）明清实学的治学方法之辨

方以智最大的贡献是创立了"质测实学"，也就是科学实学，可称为中国历史上第一个具有自觉科学方法论意识的儒学思想家。在研究内容上，更加注重自然科学的思想——不只是科学知识，而是其中的科学思想，并将之纳入儒学思想体系之中，这就是"质测"之学。质测之学相对于空谈心性的理学，专务于各种切实有用的知识，并将之与思想性更强的"通几"之学密切联系，如同道在器中，"寓通几于质测"之中，二者不能相离，以此避免"舍物以言理"和"托空以愚物"的理学流弊。但是方以智的科学仍然不是近现代意义上的科学，而是带有儒学特色的类似科学的学术思想，实际上启蒙了中国古代科学技术大总结及近代科学的萌发——比如李时珍的《本草纲目》、朱载堉的《乐律全书》、徐光启的《农政全书》、徐弘祖的《徐霞客游记》、宋应星的《天工开物》等，也为接受西方科学提供了思想方法基础。

顾炎武以崇实致用、独立求是的学风著称于世，其实学思想包括"崇实""致用"两个方面。"崇实"即摒弃"明心见性之空言"，代之以"修己治人之实学"；"致用"即不但学以修身，而且经世济民，探索"国家治乱之源，生民根本之计"，崇实致用相辅相成，浑然一体，形成其完整的实学思想。治学上，发挥孔子"博学于文，行己有耻"的思想，转化为自己的崇实学风，即将自己的学问建立在踏实而广博的学习基础上，他是日日读书，遍览史志，并游历四方，随时考询，有效扭转了那时遗留的空疏学风；同时他把"行己有耻"作为座右铭，注重道德践履、扎深为人之根，并着意强调民族气节、修养伟岸人格。求是重践是顾炎武实学思想的根本风格，主张外向的客观学问，不仅读书，而且走出书房深入实践；对古代经典亦可做到信其所当信、疑其所当疑，虚怀若谷、一丝不苟、严谨求实，成一家之言。与此相关，他还总结出了史学理论研究的归纳方法、历史方法、证验方法和"下学而上达"的方法。这些思想方法都跟方以智、黄宗羲有着实质的相通之处，大都导向了形而下的经验实证的"科学"路径。

总体而言，这些实学家们的思想方法，具有外向性、经验性、实证性、逻辑性等"科学"特征，因而具有"科学实学"的特点，具有科学启蒙的思想价值。但是，这些实学家几乎不约而同地忽视、贬低甚至厌弃理学和心学体系中内向性实修实证心性本体和宇宙大道的思想方法，实心实学被抛弃，实用化、功利化几乎吞噬了人之道德修养的本体之根，"无根"化的历史趋势也导致儒学的最终僵化和没落，及至晚清特别是面对外强入侵，以儒学为主导的传统文化及相应的政治体制难以应对，中华文化由此遭遇重大挫折。

（3）明清实学的世界观和人性观之"实"

宋代陈亮、叶适的事功实学就已经把批判的矛头对准了理学甚至整个儒学，旨在从中开出具有现实功利性的学术流派。明清之际的各派实学也都朝着这个方向不懈努力。从方法论的探索与建构看，他们的努力颇有成效，这可从几个方面来看。

首先是怀疑经典。实际上怀疑经典之风在陆王心学那里已有相当表现，他们显著区别于程朱理学，从不考证注释经典，而是直入实修实证来证验经典，开辟了一条不同于训诂考据和单纯逻辑性义理阐释的学问路径。

其次是世界观上的唯物主义倾向。唯物主义之"物"就是"客观实在"，无论在自然领域还是社会领域，都有形迹可寻，因而成为实学之世界观基础。王夫之确立了一系列唯物主义观点：天命即客观事物运动变化的规律，人能够利用规律而改造客观事物；人不是生而知之，是通过后天的学习、思考和实践来获得真知的；金木水火土五行并非灾异的根源，而是自然界的五种物质及其属性；"天地之化日新"，世界是变化的，历史是进化的。其他实学家也都在理欲、义利之辨中体现了唯物主义的世界观倾向。

再次是人性观上的自然化倾向。实学的唯物倾向及其务实学风，都使得他们对人性的观察趋于经验化和物质化，从而将人性中的心性、性命、良知、德性等视为虚无玄秘的东西排斥掉，而将其中的身体及相关的欲望等看成客观实在，这最典型地体现在他们的"天理人欲"之论上。基于当时工商逐渐发达、商品经济兴盛和资本主义生产关系萌芽的社会现实，这种人性论显然具有强烈的启蒙性质。

（4）明清实学的政治抱负之"实"

纵观明清实学，其始终一贯的宗旨便是积极参与现实政治，不懈地为实现自己的政治理想而奋斗，这应该是作为儒学士大夫继承传统而弘扬外王精神的表现，是他们"经世致用""经世济民""经世济国""经世应务"的集中和典型体现。

首先，在行动上积极参与政治活动。方以智少年时代就有远大政治抱负，对专制政治极为不满，参加了明末党社运动，"接武东林，主盟复社"，明亡后试图抗争，并绝不与清廷合作。黄宗羲、顾炎武、王夫之等亦有相似的政治活动经历。

其次，弘扬民本思想，反对君主专制。最为典型的是黄宗羲，他具有"治天下，为民用"的经世应务精神。明清实学具有浓烈的"政治"实学色彩，而其目标直接或间接地指向君主专制统治，具有政治启蒙的历史功用。

3. 明清实学的历史性偏颇

自从孔孟把内圣外王确立为儒者的人格和社会理想之后，历代儒学思想家都在着力探讨实现这一理想的切实路径。"实学"

像一条红线一样，贯穿中国儒学发展的整个历史过程，或有曲折、断续，或隐现。在不同的儒者或思想家那里，由于生活环境和历史时代的影响，或侧重这一方面，或突出那一方面，但总体来看，完整地实践内圣外王才是真儒者的理想人格。

（1）明清实学之"实""虚"各有所偏

如果说与宋明理学和心学相对的实学思潮，针对其流于空疏、玄虚、清谈的弊端，而矫枉过正地偏重外王事业的功利性实用和成就一面，那么心性实学则普遍侧重心性本体的实修实证——但由于心性实修的难度和实证本体境界的某种个体性、内在性和神秘性，而常常流于词句和言谈。并且在狭义的实学范畴内，前一脉络占据主导地位，并有显赫事功成就，而后者由于在外王事业方面乏善可陈——即使心学大师王阳明有着彪炳史册的外王成就，也很少人把它跟其实修实证心性本体的实践联系起来，似乎阳明并不是内圣外王都做得很好的一位真儒者——也往往被人诟病为无用之学，现代还有人谓之"封建迷信""宗教麻醉""伪科学"等。但实际上，儒家内圣之法，除了一般在经验层面"克己复礼"、时时惕厉、勇猛改过、不息积善的道德修养之外，还有更深层次的实修心性、实证本体（德性之根）的方法，这就是心学的实体实学内容。简言之，实学主流"实"在外王事功，而"虚"在心性修证的内圣之道；心学一脉"实"在心性本体的实修实证，而"虚"在外王事业的微弱和空缺。阳明外王学问和事业都相当不错，但未能融入其心学体系，此为"虚"之缺憾！

（2）实学的功利主义和实用主义倾向

实学家们都有不同程度的实用主义倾向：只问目的，不问手段；只求结果，无论过程。析其原因，这些实学家的思想不过是当时社会历史环境的反映。南宋后期、元明清之际，正值中国社会经济出现质态跃迁的前夜（尽管外部力量打乱了这一进程），生产力和科学技术都呈现出传统社会中的最先进形态，农业、商业和手工业已经达到当时世界上的最高水平，资本主义生产关系在全国各地，特别是江浙一带萌芽发育，而专制主义和程朱理学关于理欲之辨的"杀人"禁锢都对新生的社会力量和市民阶层造成极大的束缚和压制，因而反映在思想层面，就是具有强烈启蒙价值意向的实学思潮。

四、实学辨析

（一）实学与儒学

古典儒学秉承"古之道术"全体大用者，其典范为文、周、孔、孟儒学。太史公在《孔子世家赞》中称"中国言六艺者，折中于夫子"。可见，孔子儒学"祖述尧舜，宪章文武"，实为古传"道术"实学之正脉。儒学所存"道术"实学，在孔子教学中已经分出"德行、言语、政事、文学"四科。孔门弟子大致沿此四科，其学各有专长，而不能如夫子之全面系统，博大精深。然而，孔子之后，历代实不乏坚持圣德王道正统的大儒，如曾子、子思、孟子、荀子、董子、韩愈、朱熹、张载、王夫之、顾炎武等人，即是其中不世出的杰出代表。而且，儒学在历史发展中演生出了多样化的形态，如经学、理学、心性儒学、政治儒学、民间儒学等。于是在各个历史时期，上述各种儒学形态亦以其具体样式，比例不一而又深浅各异地承载和体现着古典儒学所持守的"道术"实学传统。

实学的源头是古昔圣王"古之道术"，即"内圣外王"之道。可以如此说：广义的实学以儒学为主流和主要载体，儒学以实学为主干和精神实质。至于中义的实学、狭义的实学如前所述，为宋明以后或明清以后儒学内部的分支或发展的特定阶段。今天我们弘扬"新实学"，也是从广义上去理解实学的内涵，主张把中华优秀传统文化尤其是儒学的推展要和社会现实结合起来，经过创造性转换、创新性发展，发挥其修身养性、治国理政等当代功用。

（二）实学与理学

理学，是儒学发展到宋明时期一种新的表现形态，学术界也称之为"宋明理学"或者"新儒学"。它是儒学经过魏晋南北朝及隋唐时期儒、释、道三教长期论争与融合的结果，是对隋唐以来儒学逐渐走向式微的一种强有力的文化复兴。程朱理学代表人物主要有周敦颐、张载、程颢、程颐、朱熹等；陆王心学的代表人物主要有陆九渊、王阳明等。理学对我国宋元明清时期的社会、政治、思想、文化、教育等方面都产生了深远影响。

韩愈作《原道》，李翱作《复性书》，为儒家学说开创了由汉唐训诂考据转向寻求义理的新途径，他们的思想主张成为北宋儒学复兴和理学创立的先声。北宋是理学的初建时期，其先驱是被欧阳修称为"宋初三先生"的胡瑗、孙复、石介，他们提出了一些理学的基本范畴，通过创建书院来宣扬儒家思想，恢复儒家道统。代表人物有五位，即后人所称的"北宋五子"：周敦颐、邵雍、张载、程颢、程颐。南宋时，朱熹建立了一套完备的思想体系，是理学的集大成者。程朱理学是儒学发展的重要阶段，它以儒学为宗，吸收佛、道的相关内容，将天理、仁政、人伦、人欲等问题内地在统一起来，使儒学走向政治哲学化，适应了当时的社会需要。

宋儒在排斥佛道"空虚"之说的基础上，重视解决社会的现实问题，实学被赋予了"实体达用"的含义。以上的理学家思想中有很多属于"实学"的内容。因此，从这一意义上讲，理学和实学并非截然分开，可以说，理学中有实学，实学中有理学。

（三）实学与心学

从明中后期到清代，乃至近代，是实学的鼎盛发展和转型时期，其精神实质是崇实黜虚、实事求是、经世致用，其理论逐步完备；而心学是宋明理学中以"心性"作为宇宙本原来探讨和思考问题的学术流派。二者之间既有联系，又有区别，其异同可放在实学与心学产生及其发展的流变中作基本的考察。

南宋时，接续程朱理学发展的是"心学"一派，心学以南宋陆九渊和明代王阳明为代表，所以又称"陆王心学"。心学思想源于孟子，又受道家庄子与佛教禅宗影响，提出了"圣人之学，心学也"的主张，其特点是强调学问的目的在于做人，并努力践行，主张扫除细枝末节，直奔主题。

陆九渊是南宋心学的开创者。他提出的核心命题是"心即理也"，"宇宙便是吾心，吾心便是宇宙"，意思是本心即天理。他主张用自己体验而不是逻辑思辨论证此命题，反对埋首书册，主张在人生日用处直接体悟，"发明本心"，作为自己安身立命之地。他认为"物欲""意见"是人心之弊，要将其剥落、扫除。在陆九渊的理论体系中，心学占主导地位，但是其中的实学成分不可忽视，而且与其心学密不可分，可称为"心学化的实学"。这表现在，陆九渊主张道德认知上的切己自反、躬行实践的精神，以及对儒学的切实创新，关注儒学的社会实效实利。

王阳明是明代心学的集大成者，建立了系统的心学理论。其心学特点主要是对"良知"范畴作了本体论改造，包括心即理、知行合一、致良知三个方面内容。王阳明认为"本心"即"良知"，是世界万物的本源，主张"心外无物，心外无事，心外无理"；认为学以至圣的修养关键在于"致良知"。"致良知"是王阳明心学思想中的重要内容，是心学体系的主旨。王阳明的思想学说标志着重建儒家信仰理论任务的完成，理学的重心转向了由儒家信仰支配下的生命实践。

泰州学派是明代中后期思想学术领域出现的一个心学派别。因创始人王艮为江苏泰州人，所以称为泰州学派。倡导的"百姓日用之道"，就是把孔孟之道与百姓日用等同起来，将王阳明"人皆可为圣人"的命题代之以"满街都是圣人""晓得圣人即是自己"等，这使得王学进一步趋于平民化。

狭义的实学，在明末清初反省宋明理学和专制弊端的进程中得到进一步发展，同时也回应了当时"西学东渐"的新形势。其基本特征是，反省批判宋明理学尤其是心学末流的"空寂"之弊端以改革儒学，消化吸收西方新学以补充儒学，强调经世致用以挽救社会和民族危机。

（四）实学与实业

实学是实业的理论先导和基础，实业是实学的具体落实和应用。实业，是将实学理论应用于兴建民族企业，从而追求其"实体达用"的宗旨，落实其"经世致用"的内容，最终实现强国、兴业、养民的目的。

"实业强，则国强"，这是中国近现代史上一直存在的"实业兴国"理论标识和典型案例。晚清中国社会内忧外患、救亡图存的危急时刻，伴随着洋务运动兴起的实业教育，其实业教育思想、实业教育制度和新式学堂的出现等符合了时代和社会发展的需求，为社会为企业提供了人才和技术。比如，近代开放比较早的广东，出现了"广东实学馆"，以此为基础，发展出近代的军事教育等技术。"振兴实业"是晚清时期对"实学"——经世之学的发展，是中国近代化探索的一种思潮，促进了连锁的农工商业的发展，民族资本主义得到长足的长进，充分体现了实业的价值、实业的力量，同时也体现了中国实学在走向近代化的道路中所发挥的重要作用。

实业，是经济强国的根基，是高质量发展的主体。当代实业与民族经济发展及社会进步有紧密关系，中国经济发展要贯彻儒家实学的"民本"思想，实现"养民"的目的，特别是要发挥其实干的精神。

第二部分

实学理论框架

一、中国实学

为了从总体上认识和把握中国实学，此处有必要对中国实学的内涵和外延、主流和核心以及它的现代价值作一扼要说明。

（一）作为"实体达用"的实学

"实学"这一概念，在中国不同的历史时期，其含义是不一样的。即使在同一个历史时期，因学派相异，也往往有不同的诠释。但是实学家在同"虚学"的辩论中，总是把自己的学说和思想称之为"实学"，或者彼此以"实学相期许"。北宋以降，许多学者都用"实学"这一概念说明和概括自己的思想和学说。

宋元明清时期的学者，对"实学"所赋予的内涵，大体上是从"实体达用之学"的意义上来使用的。

实体分为宇宙实体和心性实体。我们先从宇宙实体说起。宇宙实体是"实"还是"虚"？道家推崇"以无为宗"，佛教则主张"以空为宗"。程朱学派在同佛、老的空无之说的辩论中，认为"理"作为宇宙本体或本原，是"实理"而非"虚理"，赋予"实学"以"实理"的含义。朱熹发挥程颐的实理论思想，认为《中庸》一书"始言一理，中散为万事，末复合为一理。

'放之则弥六合，卷之则退藏于密'，其味无穷，皆实学也"。很明显，这里是从理一分殊的宇宙本体论的高度来说明实学的。在程朱看来，"理"不只是宇宙万物的"根实处"，也是寓于宇宙万物之中的实有之理。从实理论意义上，程朱学派有时也把自己的理学称为"实学"。如南宋真德秀根据"即器以求之，则理在其中"的原则，指出"若舍器而求理，未有不蹈于空虚之见，非吾儒之实学也"。

明中叶以降，许多进步学者在继承实理论的同时，也自觉地批判理学末流的"空寂寡实之学"，往往把元气实体论说成是实学。如罗钦顺针对"禅家所见只是一片空落境界"的虚无之说，指出："盖通天地人物其理本一，而其分则殊。必有以察乎其分之殊然后理之一者可见。既有见矣，必从而固守之，然后应酬之际或无差谬，此博约所以为吾儒之实学也。"这里，罗钦顺所讲的"理一分殊"不同于程朱，它建立在气一元论思想基础之上，实际上是"气一分殊"，这是他的"通天地、亘古今，无非一气"思想的另一种表述。王廷相作为明代最大的元气论者，针对佛、老和理学末流的空虚之学，自觉地把从张载那里承袭下来的元气实体论说成是"实学"。他说：《正蒙》，横渠之实学也。""二气感化，群象显设，天地万物所由以生也，非实体乎？""天内外皆气，地中亦气，物虚实皆气，通极上下，造化之实体也。"王夫之也讲元气实体，他说："阴阳一太极之实体。""所动所静，所聚所散，为虚为实，为清为浊，皆取给于太和细缊之实体。"戴震在本体论上也承认"阴阳、五行，道之实体也"。他们都是把元气实体论作为中国实学的哲学基础，从而为明清实学家反对理本论和心本论中的虚无主义提供了有力的理论武器。

　　由宇宙实体进入心性实体，有的学者也把实践道德之学称为"实学"。宋代学者在同佛教的"以心为空"的辩论中，认为"吾儒以性为实"，承认人的心性"以其体言，则有仁义礼智之实；以其用言，则有恻隐、羞恶、恭敬、是非之实"。人的心性并不是空的，而是先天赋予的仁义礼智等道德伦理实体，"仁义者，人之本心也"。明清实学家在反对宋儒的性二元论过程中，承认天命之性就存在于气质之性中，离开气质之性的天命之性是"无形影可以摸索"的，是根本不存在的。正是从这种意义上，元代吴澄把心性之学称为"身上实学"，认为"不言性命，则无以明实学之原"。王夫之指责王阳明后学"废实学，崇空疏"，也是从王学"蔑规矩，恣狂荡，以无善无恶尽心意知之用，而趋入于无忌惮之域"。这是从心性实体意义上来说明实学的。在道德修养上，是鼓吹空悟论还是实功论（实修论），也是心性之学的虚实之辨的重要内容。宋明实学家多从实功论或实修论的角度来阐述实学的内容。如宋代陆九渊主张"在人性、事势、物理上做些工夫"；"逐事逐物考究磨练"；真德秀强调"就事物中求义理"，才是"着实用力之地，不致驰心于虚无之境也"。王廷相主张"内外交养，德性乃成"，提倡在"人事着实处养之"；王阳明提倡"实地用功""切实用力""人须在事上磨炼做工夫乃有益"，"钱谷兵甲，搬柴运水，何往而非实学"；黄绾主张"在实言、实行上做工夫"；唐鹤征主张"悟前悟后，凡有实功，皆实际也"；孙慎行提出"日用人伦，循循用力，乃所谓实学"。以上这些说法，都是提倡道德修养必须"着实做工夫"，反对离开社会实际的"终日端坐"的"空悟"论。通过实功而进行心性修养，目的不在于空议，全在于"实行""实践"。朱熹发挥儒家的"重行"思想，主张"必践于实而不为空言"，批评"今日之弊，务讲学者多阙于践履"，陆九渊主张"为学有讲明、有践履"，"一意实学，不事空言"，认为"躬行践履"即是"唐虞三代实学"；张栻认为"圣门实学，贵于践履"；清初易堂九子针对言行不一的假道学，提出"核名实、黜浮假、专事功、省议论"的"有用之实学"；清代陆陇其认为"大抵天下无实行之人，则不成世道，然实行必由乎实学"。上述学者都是从躬行践履意义上来规定实学内容的。实性论（实心论）、实功论、实践论是心性实体学说的三个有机组成部分。

根据儒家"内圣外王"的原则，宋明实学家认为必须由"实体"转向"达用"，将"内圣"之实体转化为"外王"之实用，才能成为真正的圣人。所谓"达用"，在实学家那里，又有两层含义：一曰"经世之学"，即用于经国济民的"经世实学"；二曰"实测之学"（亦叫"质测之学"或"格物游艺之学"），即用于探索自然奥秘的自然科学。宋明时期，探索宇宙奥秘的自然科学，被学者称为"天地动植之学"或"格物游艺之学"。明清之际，方以智受到"西学东渐"的思想影响，把自然科学说成"质测之学"。清代阮元赞扬近代的实测精神，提倡"算造根本，当凭实测"。近代学者多以"格致之学"称谓从西方传入的近代自然科学。近代中国随着西学的大量输入，有人欲以西学之实补中学之虚，把西方的自然科学说成是实学。在自然科学意义上来使用实学这一概念，既包括中国古代的天文、历法、算学、舆地、生物、水利等"格物游艺之学"，也包括从欧洲输入的声、光、化、电等"质测之学"，其内涵极为丰富。

　　除了上述"经世之学"和"实测之学"外，在"达用"方面，还包括"明经致用"论、"史学经世"论和实事求是的考据实学等内容。宋明实学家多从"明经致用"的意义上来界定"实学"，把经学说成是实学，如：北宋改革家王安石提倡"经术者，所以经世务者也"，反对俗儒的"离章绝句，释名释教"的空疏学风。二程从"经所以载道也，器所以适用也"的观点出发，提出"治经，实学也"的命题，指出"如国家有九经及历代圣人之迹，莫非实学也"。朱熹发挥程氏的"治经即实学"的思想，既反对溺于文章的"文人之经"，也反对惑于异端的"禅者之经"，主张明道致用的"儒者之经"。

　　宋明实学家亦多从"史学经世"的意义上来界定实学。从史学具有经世功能这一意义上，也可以把史学看成实学。如：朱熹发挥中国以史为鉴的优良传统，主张"广读经史"，指出"读史当观大伦理、大机会、大治乱得失"，寓经世于史学之中。真德秀指出"善学者，本之以经，参之以史，所以明理而达诸用也"，主张把"性命道德之学"与"古今事变之学"结合起来，以达到经世之目的。真正把"史学经世"的思想明确概括成"实学"，是清代浙东学派的史学大家万斯同。万斯同在批评清代把学术与经济"分为两途"的做法时指出：通过治史，"使古今之典章法制烂然于胸中，而经纬条贯实可建万世之长策，他日用则为帝王师，不用则著书名山，为后世法，实为儒者之实学"。章学诚亦明确提出"史学所以经世，固非空言著述"的命题，指出："君子苟有意于学，则必求当代典章以切于人伦日用，必求官司掌故而通于经术精微，则学为实事而文非空言，所谓有理必有用也。不知当代而言好古，不通掌故而言经术，则鼙帨之文，射覆之学，虽极精能，其无当于实用也审矣。"

针对宋代经学的"凿空附会之弊"，从明中叶始，实学家亦把"实事求是"的考据学（汉学）说成是"实学"。如：清代考据学大师戴震明确地把乾嘉考据学称为实学，指出"值上（指乾隆皇帝）崇奖实学，命大臣举经术之儒"。"圣天子稽古右文，敦崇实学，昭昭乎有明验矣。"在治经上，他把空谈义理的宋学说成是"虚学"，而把"注经必籍实据"的汉学说成是"实学"。阮元为清初考据大家毛奇龄文集作序时，亦指出："有明三百年以时文相尚，其弊庸陋谫僿，至有不能举经史名目者。国朝经学盛兴，检讨首出于东林，蕺山空文讲学之余，以经学自任，大声疾呼，而一时之实学顿起，当是时，充宗起于浙东、朏明起于浙西，宁人、百诗起于江、淮之间。"这里所谓实学，是指清初以顾炎武、胡渭、阎若璩、毛奇龄、万斯大为代表，以重实证为特点的考据学而言。清代皮锡瑞在《经学历史》一书中亦指出，清初"承晚明经学极衰之后，推崇实学，以矫空疏，宜乎汉学重兴，唐、宋莫逮"，极力称赞清初考据学家的"求实学之苦心"，也把清初的考据学视为"实学"。

综上所述，中国所谓实学，实际上就是从北宋开始的"实体达用之学"，是一个内容极为丰富的多层次的概念。在不同的历史时期、不同的学派和不同的学者那里，其实学思想或偏重于"实体"，或偏重于"达用"，或二者兼而有之，或偏重于二者之中的某些内容，情况虽有区别，但大体上不会越出这个范围。"实体达用之学"既是实学的基本内涵，又是实学的研究对象。如果不从"实体达用"整体上和特定的时代背景上把握中国实学的基本内涵，而孤立地摘出其中的某些内容加以无限夸大，以偏概全，就有可能将中国实学"泛化"或"窄化"，甚至导向荒谬。这是应该特别加以注意的。

（二）中国实学的主流和核心

由上述内容可知，实学是一个具有多层含义的概念，它既包括元气实体之学、道德实践之学，又有经世实学和实测实学，还有考据实学和启蒙实学等，其中经世实学是中国实学的主流和核心，其他层次的意义都是围绕这一核心而展开的，都是从不同的层面来说明经世实学的。经世实学的基本精神就是主张"经世致用"。经世实学既表现为揭露与批判在田制、水利、漕运、赋税、荒政、兵制、边防、吏治、科举诸方面的社会弊端，又表现为提出与实施各种旨在改革时弊的救世方案；同时，在学术上还包括明经致用论和史学经世论，把治经考史看作是经世的重要思想武器。实体之学与道德实践之学，是就中国经世实学的哲学思想基础而言，包括以"气"为本的本体论，以"实践"（力行、践履）为基础的认识论，以"实性"为基本内容的人性论，以"实功"为主要修养方法的道德论，以利欲为基础的理欲统一说（包括义利统一说）等内容，实体实学是经世之学的理论基础。实测实学，是就中国经世实学的科学内容和基础而言。它既包括中国传统的古典科学，也包括从欧洲输入的西方近代科学，从事探索自然奥秘的各种科学研究，归根到底，是为经世实学服务的，是经世致用的一种重要手段。考据实学，是就中国实学的经学内容和依据而言。从明中叶开始，特别是清代乾嘉时期，随着实学思潮的兴起和发展，在经学领域，出现了与"宋学"相对立的"考据学"的复兴，主张以专事训诂名物的汉学代替以己意解经的宋学，以主实证的汉学代替凭空议论的宋学。这种实事求是的考据实学虽属经学的不同派别，但它具有显明的求实精神，并在治经考史的形式下往往流露出知识分子的忧患意识，以考据为手段来阐述其经世思想，同经世实学也是密不可分的。启蒙实学，是指从明中叶开始至晚清时期，随着资本主义萌芽的发展和西学的大量输入出现的一股与地主阶级改革派不同的具有近代启蒙意义的意识形态，它既表现为在社会政治领域的另一种性质的经世之学，又表现为在哲学与文艺领域的某些启蒙思想的因素。但是从中国实学发展的长河来看，它并非贯彻始终，只是中国实学发展到后期出现的一种新的观念；即使明清时期具有启蒙意识的某些思想家有某些近代气息，但它仍不占主要地位，传统的中国经世实学思想仍然支配其深层思想结构。所以，把"近代启蒙意识"说成是"中国实学的核心"，恐怕是值得商榷的。我们肯定经世实学是中国实学的核心与主流，并不是要把实学与经世之学等同起来，只是在中国实学的不同层面来确定中国实学的本质和特征。

"经世"这一概念，虽然首见于《庄子·齐物论》，但是在实学家那里，并不是一个单一层次的概念，而是一个具有多层含义的范畴。所谓"经世"，至少包含有三层意义：

一是入世的人生价值取向。实学家与佛道的"出世"和俗儒（腐儒）的"逃世"的价值取向不同，坚持一种积极的"入世"的人生态度。如宋儒陆九渊在批评佛教的出世观念时指出："儒者虽至于无声、无臭、无方、无体，皆主于经世；释氏虽尽未来际普度之，皆主于出世。"明儒王畿指出："儒者之学，务为经世。学不足以经世，非儒也。吾人置此身于天地之间，本不容以退托。其曰'为天地立心，为生民立命'，固儒者经世事也。""随其力所及，在家仁家，在国仁国，在天下仁天下，所谓格物致知，儒者有用之实学也。"清儒万斯同亦指出，"至若经世之学，实儒者之要务，而不可不宿为讲求者"，都是从"经世"与"出世"相区别的角度来阐述实学家的人生价值取向的。这是经世观念的出发点，也是经世思想的基石。

二是"治体"，即经世的指导思想和基本原则。实学家基于入世的人生态度，在如何经世问题上，既谈"治体"（或"治道"），也谈"治法"（或"治术"）。宋儒程颐指出："治身齐家以至平天下者，治之道也。建立治纲，分正百职，顺天时以制事，至于创制立度，尽天下之事者，治之法也。圣人治天下之道，惟此二端而已。"所谓"治体"，涉及实学家关于治国平天下的各种基本理论和原则，诸如"尊义轻利""尊王贱霸""民为邦本""内修外攘""因时变法"等，大体上都属于"治体"范围。

三是"治法"，即各种具体的经国治人之法。如《皇明经世文编》所收集的文章、奏议等，都是以儒家思想为指导，对铨选、赋税、漕运、河工、边防、兵制等提出了各种改革方法；魏源以贺长龄名义编成的《皇朝经世文编》，除了在"学术""治体"两类文章中集中探讨"治体"外，其余文章都是按照"吏、户、礼、兵、刑、工"六部加以分类，分别讨论各种具体的"治法"问题，亦即各种典章制度和政策规范问题。既然"经世"观念具有丰富的内容，就不可以偏概全，把经世简单地说成是"治法",应当全面细致地解剖它的内容。

凡属实学皆主经世之学,但根据经世取向的不同,又分为内圣型经世实学与外王型经世实学两类。不管是程朱理学家还是陆王心学家,皆发挥孟子注重修身治人的思想传统,虽说着力于心性之学,但是他们却不同于理学末流,始终以经国济民为己任,从不"耻言政事书判",极力反对佛道的"出世出家之说",坚持由实体而达用,由内圣而外王的内圣型经世之学。"谈性命而辟功利",是内圣型经世实学的主要思想特征。但是,这种内圣型的经世实学,往往随着社会矛盾的激化而不断地将其空虚之弊暴露出来,证明它非但不能挽救社会危机,反而加剧了社会危机。所以,有些实学家发扬荀学精神,由"谈性命而辟功利"转向"谈功利而辟性命"的外王型经世实学。如南宋以陈亮、叶适为代表的功利学派,明清之际的经世之学,道咸年间的经世派实学等,都是属于外王型的经世实学。

实学中的"实体"与"达用",犹如鸟之两翼、车之两轮,密不可分。但是从中国实学思想发展史来看,随着社会的治乱和忧患意识的隐显,中国实学总是或侧重于内圣型经世实学,或侧重于外王型经世实学,而不断地在转换中向前发展。历史证明,每当社会处于"治世",社会经济发展,人民生活比较稳定,各种社会矛盾相对缓和,实学往往以一种内圣型的经世之学的形式表现出来,或者作为"潜能"埋藏在"纯学术"的外壳之内(如考据学),经世意识往往淡而不现,隐而不彰。而一旦社会处于内忧外患的"乱世",忧患意识和经世思想便会在时代的呼唤下觉醒,由内圣型的经世实学即转向外王型的经世实学。这种实学侧重点的不断转换,都是由不同的社会历史和文化背景决定的，往往呈现出否定之否定的辩证法形式。如宋代实学经过了一个由北宋李觏、王安石为代表的"重功利、求实用"的外王型经世之学，转向南宋以朱熹、陆九渊为代表，以"性命道德之说"为主旨的内圣型经世实学，再转向南宋中叶的陈亮、叶适为代表的事功之学和南宋末年以文天祥、王应麟、黄震为代表，以经世致用为主旨的外王型经世实学，恰好经历了一个否定之否定的过程。清代实学的发展也是这样。清初学者承明末之乱，针对理学末流的空疏之弊，学术由内圣转向外王，出现了以顾炎武、黄宗羲、王夫之为代表的经世之学。随着"乾嘉盛世"的出现，清初的忧患意识和经世之学又披上了纯学术的考据外衣。道咸年间，社会矛盾的激化和经世思潮的崛起，抛弃了纯学术的考据学，又把外王型实学推向了新的高潮。中国实学思想发展中的这种否定之否定的过程，与中国社会历史的曲折发展过程是一致的。这仿佛是中国实学发展的一条历史规律，至少可以说是一种常见的历史现象。

（三）中国实学的起点和终点

如果前面是从横向考察中国实学的话，那么对中国实学的起点、终点及其发展阶段的探讨，则属于纵向考察了。关于中国实学的起点，目前学术界或认为起于先秦，或认为起于汉代，或认为起于唐代。在我们看来，这三种说法虽都有一定道理，但都失之过早。探讨中国实学思潮的兴起，决不能仅依中国实学思想渊源和某些特征将其起点往前推，因为任何一种社会思潮的出现都有其特定的社会历史文化背景和基本理论模式及其时代主旨。离开了这一点，也就离开了历史唯物主义原则，任何一个学术概念和哲学范畴的出现，只能是某种特定历史条件的思维成果。"实学"概念的某些思想内容虽早已有之，但把这些内容升华为"实学"概念，则始于北宋程颐。尔后，宋元明清时期的许多实学家都沿用这一概念，从不同的角度来阐述中国的实学思想，从而构成了长达 800 多年的中国实学思潮。北宋时期的实学家，为了挽救北宋中期的社会政治危机，在同汉唐以来"俗儒记诵辞章之习"和佛老的"虚无寂灭之教"的辩论中，继承与发展了儒家的"内圣外王之学"，并且在吸取佛、老的本体论思想的基础上，从"体用不二"的新的思维角度，将儒家传统的"内圣外王之学"升华为"实体达用之学"，从而构成了中国实学的基本理论模式与框架。这是中国实学起点的重要标志。

关于中国实学的终点，目前学术界或认为终于清代乾嘉考据学，或认为终于 1840 年鸦片战争。在我们看来，这两种说法虽然都有某些道理，但也失之过早。单从经世实学角度，乾嘉考据学的经世意识确实淡化了，但这并不是经世意识的泯灭，只是在某种特定的历史文化氛围中不得不以"纯学术"形式来表露他们的经世观念。如果从实学整体角度看，乾嘉考据学在批判宋明理学、发展古典实测之学以及在治经中坚持"实事求是之学"等方面，进一步向前推动了中国实学的发展。1840 年鸦片战争后的地主阶级的洋务派，虽然包含有较多的"西学"与"西政"，但是从他们的思想深层结构和由他们提出的"中体西用"的理论模式来看，仍属于中国古典的实学范围。所以，我们主张把曾国藩、张之洞为代表的洋务派思想体系，作为中国经世实学的殿军。随后，不管是以康有为、梁启超为代表的资产阶级改良派，还是以孙中山、章太炎为代表的资产阶级革命派，他们的思想体系虽然吸取了中国古典实学的丰富内容，但本质上它已摆脱了中古文化形态，而成为全新的"近代新学"了，并且逐步取代中国古典实学而占据近代社会主流地位。

从北宋中期到晚清洋务派的800多年间，中国实学思想经过了三个历史发展阶段。

一是从北宋至明中叶，是中国实学的产生和发展阶段。随着北宋社会政治危机的出现和儒学复兴运动的兴起，宋儒针对汉唐以来"俗儒记诵辞章之习"的"无用"和佛老的"虚无寂灭之教"的"无实"的弊端，在思想领域掀起了一股崇实的社会思潮。这股实学思潮，既包括理学思想体系中的某些实学思想，也包括当时功利派的经世实学思想。以程朱为代表的理学派和以陆王为代表的心学派，他们的治学宗旨虽是着力追求道德性命之学，具有重实体而轻达用的内省趋向和虚无成分，但是在他们的理学思想体系中也含有某些实学思想。在他们的著作中，不但曾多次使用过"实学"概念，而且还从不同角度说明实学思想，诸如实理论、实性论、实功论、实践论、经世致用论和"格物游艺之学"等。与它相平行发展的还有宋明功利派的实学思想，如北宋李觏、王安石，南宋陈亮、叶适，宋末的巽斋学派、深宁学派，明初的丘濬等。他们在同佛老与理学末流的空虚主义的辩论中，由道德性命之学而转向"学术有实、有用"，由重在实体之学而转向重在达用之学，突出地阐述了经世实学。正因为这一历史时期的实学思想还不完备、不成熟，再加上理学思想始终占据社会主流，所以当时实学家还没有能够真正把"实体"与"达用"两者结合起来，构成系统的具有严密逻辑结构的实学思想体系，或偏于内省的实体之学，或偏于外王的达用之学。当然这并不是说它缺一翼，只是说它过于偏于一翼，而未能使元气实体论与达用之学有机地构成一个完整的实学思想体系。

二是从明中叶到清代乾嘉时期，是中国实学思想发展的鼎盛时期。中国后期封建社会总危机的爆发和资本主义生产萌芽的产生，把中国实学思想推向了高潮。这一历史时期，实学家在同宋明理学末流的"空虚之学"的辩论中，吸取张载等人的气本体论思想，逐步地建立起完整的元气（气）实体论哲学思想体系，从而把元气实体哲学与多姿多彩的达用之学有机地结合起来，成为中国实学思想最完备、最成熟的理论形态。这一历史时期，无论是经世之学还是实测之学，都比宋元时期具有更加丰富的社会内容，特别是随着"西学东渐"而在科学领域开创了重实践、重验证、重实测的时代新风，把重经验的归纳法与重理性的演绎法结合起来，这是宋元"格物游艺之学"所不具有的。从广度上看，明清实学既包括经世之学、实测之学，也包括明经致用论和史学经世说，较之宋元时期是更加拓宽了，更加深刻了。同时他们在与"宋儒"的辩论中，还提出了系统的考据实学。从深度上看，它除了地主阶级改革派的进步思想外，还出现了反映市民阶层利益和愿望的启蒙实学。这种启蒙实学，既表现于社会政治领域，又表现于哲学与文学艺术领域。这是宋元时期所不具有的新质的东西。

三是从清代道（光）咸（丰）到同（治）光（绪）年间，既是中国经世实学思想的高涨时期，也是由中国古典实学通往近代新学的转型时期。这一历史时期的实学思想，主要是围绕"救亡图存"这一时代主题而展开。他们在批判乾嘉考据学和理学末流的过程中，通过今文经学形式充分地发挥了中国实学中的经世之学。对于实体之学的探讨，则相对地削弱了。在经世实学中，除了继承传统的社会内容外，还侧重增加了"洋务"这一新的社会内容；他们面对帝国主义的入侵和西学的大量输入，敏锐地提出了"师夷长技以制夷"和"中体西用"的思想，提倡向西方学习，以求达到富国强兵之目的。在史学经世上，他们不但集中地研究了西北史地学，而且进一步拓展了域外史地学，从封闭走向开放，这也是中国古典实学所不具有的。晚清实学的最大特点就是在中西文化的冲撞与融合中，既继承了中国古典实学的成分，又大量地吸收了西政与西学，企图以西学之实补中学之虚，具有二重性。这一特点是由晚清社会矛盾的特殊性所决定的。

由上可知，"实学"这一概念并不是一个静态的结构，而是一个动态的历史范畴。只有从中国历史发展过程来说明中国实学的演变，才符合历史唯物主义原则。

（四）中国实学的形成及其特点

既然中国实学的核心是经世致用，实学作为一种中国特有的思想其来龙去脉如何？中国历史上实学的概念使用十分广泛，未必仅限于宋元明清，不过发展水平在各个阶段各有不同，发展形式也各具特色。作为一种思潮，一定有其源头，实学思潮作为儒学发展到宋元明清时期形成一个流派，是儒学体系中原有的实学倾向的发挥，没有这些思想资源，实学思潮也无从谈起。同样，一个曾经在历史上产生过如此大作用的思潮流派，在其身后也一

定留下了深刻的足迹。如果实学已经随着中国传统社会的消失而
湮没，那么我们今天探索新实学的构建也就没有多大意义了。传
统文化之所以被称为"传统"，一定是有某些东西传了下来才成
为思想史研究的对象，不然也就变成化石成为考古学研究的对象
了。所以对实学还可以做广义的解读，把实学划分为三个阶段，
即儒家创始人孔孟思想中的实学倾向，宋元明清时期儒学形成实
学思潮，当代社会中国文化中包含的实学精神。如此研究，才会
给我们今天研究新实学提供一种更为开阔的思路。从广义的实学
角度，关于实学的形成过程和特点，我们可以形成如下一些
看法：

1. 三个阶段演变成三大主题

如果说明清实学是儒学发展的一个阶段，那么显然实学思想
萌芽深深植根于孔孟开创的儒家思想体系中。在春秋末年孔子创
立儒家学说的时候就有明确的"经世"意识。他说："诵《诗》
三百，授之以政，不达；使于四方，不能专对；虽多，亦奚以
为。"他谈的虽然是《诗经》，但也可泛指一切文化知识。学了
知识而不能应用，再多也等于零。为了获得真知实学，孔子提
倡："知之为知之，不知为不知，是知也。"学习要有一种实事
求是的态度，认真研究客观事物的规律，不能不懂装懂。儒家的
"亚圣"孟子也说："言无实，不祥。不祥之实，蔽贤者当之。"
对于君臣而言，没有实质内容的空谈，是一种不祥之言，只能是
误人误国。春秋很多人都在讲"以礼治国"，孟子指出："恭敬
而无实，君子不可虚拘。"礼的根本在于一种实实在在的真诚行
为，而不是徒有其表，虚情假意的仪式"作秀"。孟子认为：
"充实之谓美，充实而有光辉之谓大，大而化之之谓圣。"胸有

真才实学谓之美，生活充实而光辉谓之大，而把这种实知、实行推而广之，用于民众的教化就是圣人。圣人是儒家的最高人格境界，显然这种境界是和实知、实行联系在一起的。可以说在先秦儒学初创时期，"经世致用"就成为儒学的一种基本特征。

儒学经世致用的基本价值在以后的传承中不断得到阐述和发扬，并在宋元明清时期得到了一次特别的激发，终于形成了一个具有代表性的思潮——明清实学。对儒家中的实学倾向造成这种刺激的，是当时佛教和道教的高度发展。佛教讲"空"，道教讲"无"，这两种宗教的一个共同特点是对现实的社会生活价值作了否定的判断，从而把人的精神生活引向超验的彼岸世界。一个社会有一些超验的宗教对于满足人民的精神需求是必要的，但是如果这种宗教思想成为社会文化的主流，就会对整个社会的发展造成极大的阻碍。儒家学者从魏晋南北朝开始就在不断批判佛老的"空无"，最终在宋明时期汇成了一股强大的提倡"崇实黜虚"的思想潮流。可以说"崇实黜虚"的思想是当时儒家所有学派的共同主题，只不过各个学派强调了儒学实知、实行的不同方面。当时元气本体论的大师张载当然是实学思想的大家，他说："凡可状，皆有也；凡有，皆象也；凡象，皆气也。"气是世界的本原，一切客观存在都是气的聚散变化形成的。"太虚者，气之本体。"太虚不过是气尚未成型的弥漫、细微状态，但并不能改变它本身实实在在的存在，"太虚无动摇，故为至实。"张载的实学可以称为元气实学。南宋陈亮说："苟人事皆得其实，是乃应天之实业。人材欲取实能，政事欲取实效，必考其实。"明代思想家王廷相认为"文事武备兼而有之，斯是儒者之实学也"，这是一种事功实学。程朱理学的大家，同样重视"崇实黜虚"，二程批判佛老说，"释氏无实"，"今之学禅者，平居高谈性命之际，至于世事，往往直有都不晓者"。而儒家的学说"忠信者以人言之，要之则实理也"。二程在黜佛老之空虚，倡儒学之实理方面，作出了自己的贡献。朱熹则进一步将宋儒的"格物穷理"与汉儒的"实事求是"结合起来，指出："学者功夫只是一个是。天下之理，不过是与非两端而已。从其是者则为善，从其非者则为恶……圣人教人，谆谆不已，只是发明此理。"就是在宋明理学中被视为最虚玄的陆王心学，其实也是反对佛老"虚学"的，如王阳明所说："致良知，便是必有事的功夫，此理非惟不可离实，亦不得而离也。"在反对佛教离开了人事的伦常而谈修养方面，宋明理学的道德实学是有积极意义的。程朱陆王等理学的主流学者所提倡的，是在道德实践方面的"实知""实行"，从儒家的传统语境讲，都属于"经世致用"的范畴，可以称之为道德实学。元气实学、事功实学、道德实学，虽然其对"经世致用"的内容强调各有侧重点，但佛老可以说是这一时期共同的思想对象，使儒家内部形成了共同的学术思潮，"崇实黜虚"成为这一时代的主题，把实学思潮的发展推到了最高峰。

民国建立后，中国经典教育被中断了，但是中国的传统思想却依然流传，其中也包括中国实学。近代以来的实学不仅指王仁俊、章炳麟创办的《实学报》，更主要的是表现在那些立志救国救民的先进人物身上。当代中国传统文化的所有概念中，产生最大影响的莫过于"实事求是"四个字，当然也是对中国实学的继承与发扬。受明清实学重镇湖湘学派的影响，毛泽东的早年笔记中，大量记载着这些人物的实学思想对他的影响。这种注重实理、实行，反对空谈虚玄的实学精神，成为毛泽东后来接受马克思主义的文化土壤。毛泽东对马克思主义的主要贡献在于将马克思主义中国化，他对那些拿着马克思主义"本本"的教条主义者深恶痛绝，毛泽东指出，"现在在我们党内还是教条主义更为危险。因为教条主义容易装出马克思主义的面孔，吓唬工农干部……而工农干部不易识破他们"①。那么如何将马克思主义辩证唯物主义和历史唯物主义的复杂原理用一种通俗易懂的中国化语言加以表达呢？他从中国实学的武库中找到了"实事求是"四个大字。显然，毛泽东是在用中国传统实学的文化资源深入浅出地解释马克思主义的辩证唯物主义原理。他不仅如此提倡，而且本人也身体力行进行调查研究，发现中国社会的性质，寻找中国革命的规律。20世纪70年代后期，在邓小平的指引和推动下，中国的思想界进行了一场意义深远的关于真理标准的大讨论。这场大讨论，使各级领导及理论工作者认识到，只有实践才是检验真理的唯一标准。即使再伟大的思想，也要经受实践的考验，当实践证明其错误的时候，就必须进行修正。在1978年12月中央工作会议闭幕会上，邓小平高度评价了这场讨论的意义，他说，"只有解放思想，坚持实事求是，一切从实际出发，理论联系实际，我们的社会主义现代化建设才能顺利进行"②。邓小平在这次会议上的讲话，确定了十一届三中全会的基调，标志着中国又回到了建设现代化的道路上来。"实事求是"四个光辉的大字，成为时代振聋发聩的口号，成为中国化马克思主义的标志。

---

① 《毛泽东选集》第三卷，人民出版社1991年版，第819页。
② 《邓小平文选》第二卷，人民出版社1994年版，第143页。

通过上述对实学发展三个重要阶段的简单回顾，可以说广义实学经历了以"经世致用""崇实黜虚""实事求是"为代表性口号的阶段，同时也把这三个口号凝聚成代表实学本质的三大主题。

2. 去本体化是中国实学的特征

一种学说应当有"体"有"用"，而且要"体用一如"，这似乎成了我们研究各种学派的一种共识，特别是"哲学基本问题"的强势教育更把这种共识变成了思维定势。长期以来我们也是用这种方法研究中国实学，但恰恰是这种思维定势造成了中国实学研究的尴尬。的确，有些学说是符合这种思维定势的，如张载的"气学"、程朱的"理学"、陆王的"心学"，但是这种体用一如的哲学研究方法并非唯一真理，不然功能主义、结构主义、诠释学、现象学等等哲学流派就完全不可能存在了。实学显然就属于不能使用这种方法研究的学说，因为张载的实学思想、程朱的实学思想、陆王的实学思想显然不是出于同一种本体。因此摆脱这种"体用一如"的思想方式，从结构、功能的角度理解中国实学的特征，这样也许我们会有一些新的发现。

从儒家创始人孔子开始，其学说就明显表现出"去本体化"的特征。孔子时代，中国哲学的主题是"究天人之际"，似乎每一个学派都必须就"天"这个本质作出明确的回答。然而孔子除了一般性地肯定"天道""天命"外，对于"天"究竟是"神"还是"自然"始终不给予回答。孔子既说过"畏天命""死生有命，富贵在天"；又说："天何言哉，四时行焉，百物生焉，天何言哉?"除了天人关系问题，当时还有一个"人神关系"问题，对于人死后是否有灵魂存在，孔子更给予了不置可否的回答。季路问事鬼神,子曰:"未能事人,焉能事鬼?"曰:"敢问死。"曰:"未知生,焉知死?"在当时巫鬼势力仍然十分强大的时候,尽管孔子本人对鬼神的存在是存疑的,但是为了保证礼乐制度的权威性,为了使儒家大力提倡的孝道伦理得以贯彻执行,孔子采取了一种高明的立场,也许可以称为古代的功能主义,即"六合之外,圣人存而不论"。所以如果一定用"体用"的观念去分析孔子,把他放到"唯物主义"或"唯心主义",都是不合适的。

在中国实学作为一种思潮发展的高峰时期——宋元明清,实际上我们能够抽象出来的"实学流派",也是"去本体化"的。张载以气为本体,程朱以理为本,陆王以心为本,形成了宋明理学气学、理学、心学三大流派。可是实学以什么为本体呢?张载有实学思想,他是以气为本的,程朱有实学思想,他们是以理为本的,陆王有实学思想,他们是以心为本的。如果我们要为实学找一个共同的"本原",那实学恐怕就不存在了。当代学者一度受"哲学基本问题"思维定势的影响,认为明清实学以气为本,那显然会把程朱陆王很多精彩的实学思想都摒弃在自己的视野之外。

3. 非学脉化是实学文化的特色

从《庄子·天下》开始中国思想史研究,到黄宗羲编撰《明儒学案》《宋元学案》,研究思想史的学者都非常重视对学脉的研究。两汉经学"师承""专门"的学术传统,使得中国学人都非常重视自己学问的传承,不入师门的"野狐禅"向来被大家嗤之以鼻。这种思维定势对于实体派学术的研究是合适的,但是对于功能派学术的研究则是不合适的。近年中国实学研究出现的一个困难就是如何梳理历史上实学家的发展脉络，不但周、程、张、朱无法从濂、洛、关、闽等学派中划出来，就是明清以后的很多思想家，想把他们从程朱学派、陆王学派中划分出来也极为困难。因为当时的社会人人谈实学，包括一些和尚、道士和传教士，可是他们自己并没有想到要以实学建立宗派。如果我们后人硬要用某种思想的一致性为古人划派，就可能使我们陷入我们自己挖掘的思想陷阱中，不仅无法说服当代学者，而且也可能扭曲了古人。

反之，我们转换思路，从功能主义的角度看待中国儒学中自古已存的实学文化，那么实学文化就是在不同历史时期，为了解决不同的思想任务而形成的儒学发展状态，无论从广义还是狭义，都更容易建构实学的思想体系。从广义的角度讲，中国实学经历了孔孟初创时期、宋元明清高峰时期、近代以后延续时期三个阶段，形成了经世致用、崇实黜虚、实事求是三大思想主题。与之相对应，我们把实学分成实学倾向、实学思潮和实学精神三种状态。总之，我们可以把中国古代儒学中的所有实学思想观念，统称为实学文化，完全可以成为思想史的研究对象。

二、明清实学

明清之际，是世界历史发生重要转折的时期，是可以与春秋战国之际相媲美的重要时代，是思想家自觉对秦汉以来的文化传统及价值观念进行深刻反省和理性批判的时代。无论是在政治、经济领域还是在思想、文化领域，旧的传统的思想观念与新的先进的价值理念在这一时期发生了激烈的冲击和碰撞，社会面临着一系列令人瞩目的价值冲突和社会转向，其中最重要的是随着明清之际的知识界、思想界对程朱理学与陆王心学末流的猛烈抨击，随着封建体制内部革新派与新兴市民阶层两股社会力量的"会合"而兴起的经世实学思潮。

（一）理学之弊与经世实学思潮的出现

从历史上看，每一个思想家，每一个思想流派，都是在继承前人已有思想观点的基础上形成、发展起来的，每一个思想家必须汲取前人已有的思想或学术成果，这是任何一个历史时期思想得以存在和发展的前提和基础。明清之际绝大多数思想家虽然各自在自己学术领域的侧重点有所不同，或侧重经学，或侧重史学，或侧重哲学，或侧重实用，但有一个不容否认的事实，那就是他们大都是从朱学或王学中分化、脱胎而来，一开始几乎都是程朱理学或陆王心学的追随者和信奉者，在理论或思想渊源上与朱学或王学保持着千丝万缕的联系。如黄宗羲、孙奇逢、李颙、唐甄等人基本属于陆王心学系统，顾炎武、王夫之、陆世仪等人基本属于程朱理学系统。

随着中国封建制度日益走向没落，理学越发展越背离初衷，越发展其弊端就越暴露无遗，完全堕入寻章摘句、支离烦琐之途。理学自北宋中期兴起以后，历经宋、元、明三朝长达600多年的发展演变，先后形成了程朱理学与陆王心学两大理学流派。两派虽问学路径各有侧重，程朱重"格物穷理"，陆王重"发明本心"，此外两派在一系列重大理论问题上如"心即理"与"性即理"、"人心"与"道心"、"天理"与"人欲"、"无极"与"太极"、"形而上"与"形而下"等都存在较大争论与分歧，但他们在维护纲常名教及尊崇孔孟方面却是一致的。到明代后期，随着封建制度走向没落，理学已沦为"游谈无根""竭而无余华"，完全以抄袭"宋人语录"及"策论"为治学圭臬，严重脱离实际，变成了空疏无用之学，对宋明以来的学风造成了极其恶劣的影响。这种空疏无用之风，导致了社会的日益衰落和吏治的极端腐败。于是，明朝中后期，在批判宋明理学过程中，从传统社会的母体中逐渐产生了一股提倡经世致用的实学思潮。明清之际的经世实学思潮具体表现为两个方面：对理学的空谈心性而言，主张经世致用；对理学的束书不观而言，主张回归儒家原典。明清之际已有一些敏锐的思想家如杨慎、李贽等人开始倡导一种新的经世实学学风，这种新的学风成为与理学、心学相并立的新的思想观念和价值形态。

明清经世实学思潮把学术研究的范围从儒家经典扩大到了自然、社会和思想文化领域，天文、地理、河漕、山岳、风俗、兵革、田赋、典礼、制度等，皆在探究问学之列。如顾炎武、黄宗羲、王夫之、颜元、李塨、朱之瑜、方以智、陈确等人，是这一经世实学思潮的参与者与推动者。如果没有大的政治变动和社会变迁，如果没有社会转轨所造成的道德失范和心灵震荡，或许这些思想家仍将在朱学或王学的世界中踽踽独行。社会的急剧变革，一方面造成了社会固有道德观、价值观的濒临崩溃；另一方面也造成了一大批社会的先知先觉者，融入社会变革的浪潮，紧紧把握时代脉搏，对传统的道德观、价值观进行重新估价和评判。他们在对传统旧价值观进行全面反思和批判的同时，积极倡导一种新的思想、新的价值观，试图为社会提供一种新的价值导向，引导社会走出理学的氛围。

（二）反对理学空谈心性，主张实学实行实用

经世实学思潮是批判理学空谈性理的产物。经世致用是中国文化中一以贯之的思想传统，是中国知识分子实现其价值目标和道德思想的内在精神。"经世"思想在不同时期具有不同的含义：有时强调主体的道德修养，有时强调治国安邦平天下，有时强调实行实用，有时强调事功趋利。明清之际，在中华大地上，涌现出了一大批提倡经世致用的思想家，他们或以经学济理学之弊，以复兴古学（经学）为己任；或独辟蹊径，开诸子学研究之风气；或探究"切用于世"的学问，以求实功实用；或会通西学，倾心于"质测之学"的研究。尽管他们在不同学术领域

各领风骚，各展风采，但他们有一个特点是共同的，就是在抨击理学空疏之弊的同时，竭力提倡经世致用、实学实用，从学风、学术上呈现出一股崇实黜虚、舍虚务实的新风尚。

与明清时期出现的从理学桎梏下解放出来的强烈要求相呼应，明中后期以后在江南地区出现的资本主义萌芽已相当明显，对经世实学思潮起了推波助澜的促进作用。不可否认，理学在初创之时，颇具有疑经、不守传注等创新精神，但其疑经往往流于主观武断，不守传注往往流于任意解经甚至改经，以至学界盛行穿凿附会、蹈空尚虚之歪风。早在明中后期，杨慎就已公开把程朱理学斥为"学而无用"之学，指出理学之根本错误就在于否定汉唐人对儒家经典的研究成果，从而陷入师心自用的境地。明末著名思想家李贽也揭露说，那些谈论程朱理学的人，其实都是一群"口谈道德而心存高官，志在巨富，既已得高官巨富矣，仍讲道德，说仁义自若"的伪君子，是一群"口谈道德而志在穿窬""被服儒雅，行若狗彘"的败俗伤世者。这群人虽口谈"我欲厉俗而风世"，但他们对社会道德和风气的影响，"莫甚于讲周、程、张、朱者也"。明末另一位著名思想家吕坤指出，学术要以国家的存亡、万姓的生死、身心的邪正作为目标。高攀龙强调学问应不重空谈而贵实行，如果学问不与百姓日用相结合，便不是学问。

明亡以后，明清之际的思想家更是从文化的原因来阐释社会政治问题，把宋明理学清谈空疏之学风看作是明亡的根本原因，李塨说："自明之末也，朝庙无一可倚之臣，天下无复办事之官。坐大司马堂，批点《左传》；敌兵临城，赋诗进讲，觉建功奏绩，俱属琐屑。"真可谓一针见血，入木三分。黄宗羲对明以来理学空谈性理的弊端进行了猛烈抨击，以为宋明儒者"假其名以欺世……一旦有大夫之忧，当报国之日，则蒙然张口，如坐云雾，世道以是潦倒泥腐"。陆世仪把当时除六艺之外的"如天文、地理、河渠、兵法之类"，皆看作是实用的学问。顾炎武反对"空疏之学"，力倡"经世致用"，以"修己治人之实学"取代"明心见性之空言"，主张文须"有益于天下，有益于将来"。他撰著《日知录》的目的就在于"明学术，正人心，拨乱世以兴太平之事"。顾炎武把当时理学的清谈与魏晋时期做了比较，指出："今日之清谈，有甚于前代者。昔之清谈谈老庄，今之清谈谈孔孟。"他指责那些夸夸其谈者"不习六艺之文，不考百王之典，不综当代之务，举夫子论学论政之大端，一切不问，而曰'一贯'，曰'无言'，以明心见性之空言，代修己治人之实学。股肱惰而万事荒，爪牙亡而四国乱，神州荡覆，宗社丘墟"。在顾炎武看来，正是由于理学的清谈导致了明朝的覆亡，这是顾炎武从历史的回顾中和对理学的批判反思中得出的历史结论，反映了明清之际思想家对理学的一种共识与历史自觉。李二曲在提出"明体适用"主张的同时，指出"真知乃有实行，实行乃为真知"。主张用"酌古准今，明体适用"的实学取代"凭空蹈虚，高谈性命"的俗学，把那些"明体而不适用"的人皆视为"腐儒"。傅山、王夫之等人在为学上也处处体现着实学精神。而朱之瑜论学问，也以是否具有实用为标准，"所谓实用者，一曰有益于自己身心，二曰有益于社会"。

如果说顾、黄、王、唐等思想家或偏袒程朱或偏袒陆王，对理学的批评还有所保留的话，那么，明清之际另一系统的思想家颜元、潘平格、陈确等人则对于理学或心学，一齐推倒，没有丝毫保留。颜元为学最强调实学实用，他认为，自汉晋章句泛滥以来，清谈虚浮日盛。他认为，要看一件事有无实用价值，实践是最好的检验标准。他把理学家空谈的"正其谊不谋其利，明其道不计其功"，予以根本扭转，针锋相对地提出了"正其谊以谋其利，明其道而计其功"，并把自己的治学之道归结为"实文、实行、实体、实用"。梁启超说他"举朱陆汉宋诸派所凭借者一切摧陷廓清之，对于二千年来思想界，为极猛烈极诚挚的大革命运动"。潘平格斥责理学家丧失良心，学杂佛老，根本谈不上是真儒。潘平格的反理学思想，在清初颇受重视，被誉为"儒门之观音"。陈确从另一个方面把怀疑矛头指向程朱理学数百年立论的根基之一《大学》，作《大学辨》，阐明《大学》非圣经贤传，理学存在的根基被动摇。总之，明清之际的思想家已深刻地意识到，理学的空谈已经对社会造成了极大的危害，不对理学进行纠正和批判，将有可能导致"亡天下"的后果。因此，理学"清谈误国"是当时思想家的普遍共识，也是引发经世实学思潮滋生和发展的契机。

（三）"舍经学而无理学"的价值转向

"舍经学而无理学"是与反对理学空谈性理密切相关的。因为在中国的经学传统中，始终存在着一种"求实"的精神，而这种"求实"精神正可以用来作为批判理学空疏无用的理论武器。经学是自秦汉以来中国学术的主要形式，也可以说是中国传统学术的主流，故冯友兰先生在其著作中把自汉代董仲舒至晚清康有为时期的中国学术称为中国哲学史上的"经学时代"。千百年来，中国的学问几乎都与经学有着极为密切的关系，都是由对经典的不同诠释方法引发而来。中国经学的发展形态，历来有几种不同观点，但从经学的社会功能来看，无非有三种不同表现方式：从社会政治的层面讲，经学表现为以"求用"为目的，今文经学为其代表；从历史文化的层面讲，经学表现为以"求实"为目的，古文经学为其代表；从哲学本体的层面讲，经学表现为以"闻道"为目的，宋学为其代表。今文经学治经，皆借经典之"微言"以阐发社会政治之"大义"，在今文经学看来，凡是与经邦济世无关的学问，皆为迂阔不实之学。古文经学治经，最讲实事求是、无征不信，最讲严谨的治学态度和实证的治学方法，最具西方科学的精神。宋明理学虽被后人讥为空谈性理，但他们却认为性理是最大的实际，若离开性理而谈论修身养性、治国安邦，便是舍本而逐末。这里的问题在于，理学家往往要么脱离经典，把自己的意见强加到经典上面；要么舍弃经典，任意发挥自己的意见，从而陷入游谈无根的泥潭。若从人的精神层面来考察，理学家们确实抓住了人的某种非常"实际"的内容，是一种颠倒了的"求实"精神。

经学在经过两汉兴盛后，便沉寂不彰，分别为玄学、理学所取代。从思想史发展的角度来看，理学是对唐韩愈、柳宗元以来儒学复兴运动的理论总结，是在儒、释、道三家相互辩难，相互吸收，相互融合的基础上形成的一个新的思想理论体系。从这一点上说，理学有其存在的合理性和必然性。理学内部两派虽数百年来互争高低，但都存在一个致命的弱点，那就是他们都把"理"或"心"看作是超越于具体事物之上的独立本体，"理"或"心"是评判一切的价值根源，区别仅仅在于：理学是为封建伦理纲常寻找最终根据，而心学则旨在为人生人性寻找价值本原。这样，其理论自身就留下了一个无法回避和解决的悖论，以至于其末流或恃己意为真理，或近于狂禅。在明清之际的思想家眼里，他们的主张都是一种"虚而不实"的东西。为了恢复被理学家歪曲了的"理"与"心性"的本来面目，使之从"神化"中摆脱出来，就必须回归到儒家原典。回归儒家原典是以"复兴古学（经学）"的形式表现出来的。明末，学术思想界弥漫着"束书不观，游谈无根"的空疏之风，于经世、治国之道毫不关心。针对这股衰世颓风，明弘治、嘉靖年间已有一大批学者致力于"复兴古学（经学）"的努力，如明弘治、嘉靖年间前后七子文章之"复古"，提倡"文必秦汉，诗必盛唐"。主张读古书，识古字，辨古音。据此有学者把明弘治、嘉靖年间前后七子文章之"复古"看作是清代考据学的渊源。于是音韵、文字之学始引起学者的关注，一批学术专著相继面世，如杨慎以博洽著称，主张多闻多见，尚博尚实，提倡一种新学风与新的治学方法，被认为"读书博古崇尚考据之风实从此起"。此外，与杨慎同时稍后的陈耀文、王世贞、焦兹、方以智等人，对古学（经学）复兴运动都起了推波助澜的作用，但人们往往忽视了一个事实：王阳明本人对经学复兴所起到的思想解放价值和意义。王阳明在他的著作中多次从"心学"的角度强调"经学"的重要性，指出："六经者，吾心之记籍也；而六经之实，则具于吾心。"王阳明正是有感于"六经分裂于训诂，支离芜蔓于辞章业举之习"，于是发出了"有志之士，思起而行之"的倡议。

由于王学在当时正处于取理学而代之的强劲势头，因而王阳明于经学的态度对经学的复兴也同样起了相当重要的作用。我们应当把王阳明时代与王阳明后学时代（主要是晚明已流于狂禅的王学）严格区分开来，这是我们看待、分析一切历史问题的基本立足点之一。晚明，由于王学势力过于强大，占据主流思潮，古学（经学）复兴运动还处于王学阴影的笼罩之下，还没有人能够把经学从理学体系中分离出来。明清之际的思想家在总结明亡的沉痛历史教训时，痛感王学末流的泛滥无用，使"天下生员，不能通经知古今，不明六经之旨，不通当代之务"，经学日渐荒疏。顾炎武最先高举"经学即理学"的旗帜，上承矫正理学之弊，下启清代考据学之先，成为从理学向考据学转向的关键人物。顾炎武提倡"通经"在于"致用"，主张接触现实，研究社会出现的实际问题，强调"明辨经学源流"，指出："古今安得别有所谓理学者，经学即理学也。自有舍经学以言理学者，而邪说以起，不知舍经学，则其所谓理学者禅学也。""古之所谓理学，经学也……今之所谓理学，禅学也。"把流行于世的"理学"贬斥为"禅学"，把它排斥在正统儒学之外。顾炎武提出的"舍经学而无理学""经学即理学"的学术纲领，在当时思想、信仰都出现严重危机的情况下，确有扭转学风之功业：一是明确了以经学为治学之本；二是他反对的是杂袭释老、断章取义的"今之理学"，他期望在经学的基础上重建理学系统；三是他认为一切学问都是为了"致用"。顾炎武真正把经学从理学体系中分离开来，使经学成为一门独立的学问，对清朝近三百年的经学发展产生了重要影响。顾炎武提出的"舍经学而无理学"及"读九经自考文始，考文自知音始"原则，成为影响清代乃至近现代学术的重要治学原则，经学又重新由学术边缘走向学术的中心，完成从理学之虚到经学之实的转向。对于明清之际的这股"复兴古学"的现象,梁启超给予了高度的概括和精辟的评论。但我们应把握的一点是,所谓"复古"绝不是按照原来形态回归到古代社会,而是在特定历史条件下出现的以"复古"为形式,实质上却是一种"思想解放"运动,是在"复古"的外衣下注入了新的思想内容。从这层意义上说,明清之际思想界的"复古"运动,为二百多年后五四新文化运动做了思想文化的前导工作。

(四) 西学东渐与自然科学的复兴

明清之际经世实学思潮的另一个表现形式是明中后期西学的传入。有学者把"西学"传入以康熙中叶(1691年)为限分为前后两期,本书叙述的"西学"传入大致属于第一期。西学所倡导的科学精神和方法适应了当时经世实学思潮的需要,使中国传统的学术格局发生了一定程度的转变。西学的传入,拓展了当时中国人的理论视野和思维空间,丰富了日益高涨的经世实学思潮的内容,成为明清之际经世实学思潮的一个重要组成部分。

来中国从事传教活动的耶稣会传教士利玛窦,为了适应当时中国社会的需要,制定了一套适合中国实际情况的"合儒""补儒"及"超儒"的和平传教政策。自此以后,西方来华传教者有名可查者达65人之多。西方传教士对自然科学知识的介绍,使中国固有的文化结构和思维模式发生了重大变化,中国文化重道德伦理、重修身养性、轻自然科技等特点所决定的自先秦以来几乎一成不变的发展道路和格局,随着西方科学知识的传入被打开了一个缺口。它使中国知识界在沉浸于儒家经典的同时,开始接触和吸纳西方的一些新知识、新思想、新领域，扩大和丰富了中国文化的内容和内涵。从明中后期到清中期，由于有当时一大批站在时代前沿的经世实学思想家的宣传、翻译、介绍与引进，西方机械、物理、测绘、历算等门类繁多的科学知识不断传入中国。但是由于当时西方传教士自身的传教目的和学术偏见，他们对欧洲文艺复兴思潮以来的新思想、新成就讳莫如深，对当时西方最先进的自然科学思想如哥白尼的日心说，伽利略、牛顿的经典力学，笛卡尔的解析几何，波义耳的新元素说以及先进的实验法、归纳法、演绎法等大多只字未提。相反，他们都把中世纪的经院哲学大师托马斯·阿奎那奉为圭臬，他们介绍到中国的只是托勒密的地心说、欧几里得的几何学、亚里士多德的四元素说等。因此，有的学者认为中国知识界所能接触的还只是西方中世纪的科学思想体系，不可夸大当时西方科学思想对中国文化的影响。这种观点总的来说是不错的，但我们也不可低估了当时西方科学思想对中国思想文化的影响。西方科学的传入，使明清之际的知识分子从一种传统封闭的状态中摆脱出来，突破陈旧保守的思维模式，为中国的知识和文化带来了一场前所未有的新刺激。

徐光启、李之藻针对晚明出现的种种弊端，极端重视西方自然科学的实证精神，他们响亮地喊出了"欲求超胜，必先会通；会通之前，先必翻译"的口号，甚至准备用十年左右的时间对"有益世用"的图书"渐次广译"，试图以"西学"来开启民智，纠中国学术之弊，以挽救明王朝的社会政治危机。明清之际的思想家在继承徐光启、李之藻自然科学观的基础上，积极吸收西方自然科学成果，对西学采取了欢迎的态度。黄宗羲在经世实学思潮的社会文化背景下，对西方自然科学成果给予了极大关注，并积极投身到这一科学活动的推广和传播中，撰著了大量自然科学著作，如《授时历故》《大统历推法》《开方命算》《测图要义》等。方以智更是对西方自然科学推崇备至，把研究自然事物的学问称为"质测之学"。方以智还在自己的著名自然科学著作《通雅》《物理小识》中广泛介绍了物理、化学、历算、医学、水利、火器、仪表等西方自然科学知识及工艺技术。特别值得一提的是明清之际的著名自然科学家王锡阐、梅文鼎，他们在借鉴、吸收西方自然科学知识的同时，积极开展天文学与数学的研究工作，对中西之学均采取了实事求是的科学态度，主张"去中西之见"，"务集众长以观其会通，毋拘名目而取其精粹"。梅文鼎、王锡阐反对盲目推崇西法，在对待西学问题上，主张兼采中西之学；阮元在《畴人传》中对梅氏、王氏的学问给予了极高的评价。他们对西方自然科学思想在中国的传播和普及作出了极其重要的贡献。康熙时代所制定的一系列优容礼遇与吸收引进的政策，对西学在中国的进一步传播和普及创造了良好的社会文化环境及政治氛围。可以说，梅文鼎、王锡阐正是在这一大的时代背景下产生的著名科学家。

但是我们也应当看到，清初一直对西学的引进采取"节取其技能，禁传其学术"的政策，使得西方社会科学被视为异端思想而在传入渠道上受到极大阻碍，人们对西学的认识也大大落后于徐光启、李之藻时代，也缺少了徐光启、李之藻时代所具有的那种"但欲求其所以然之故"的理论进取精神和以"会通""超胜"为目的的科学意识。更由于在清初"西学东源"陈旧价值观念的支配下，中国自然科学界向西方学习科学与技术的势头进一步受到阻滞。随着康熙后期对西学态度的转变以及西方传教士对中西文化传播交流重心的转移（即由西学东渐转为东学西渐），西学的传入逐渐式微以至最后中断。西方科学思想的传入，明末一批科学家如徐光启、李之藻、方以智、梅文鼎、王锡阐等的涌现以及《本草纲目》《天工开物》《农政全书》等科技巨著的问世，共同形成了我国传统科技思想发展的最后一个高峰，同时对明清以后特别是对乾嘉考据学的治学范围和方法产生了极其深远的影响。

三、新　实　学

早在 20 世纪，中国实学研究会创会会长葛荣晋先生在和韩、日学者的交流中，提出了"新实学"的概念，中、日、韩三国从事实学研究的学者就发出了"构建新实学"的呼声，主张对历史上的实学思想研究要结合现实，挖掘其中可以应用于当代的实事求是、改革创新等理念资源。这种呼声显然是符合历史发展规律的，思想史的研究者都希望自己研究的思想体系能够在现实的生活发挥其应有的作用。然而，新实学具体意涵是什么？我们应当如何建构新实学？对于这些问题，我们目前形成了一些初步的设想，今后还应继续深入探索研究。

（一）新实学是儒学复兴运动的组成部分

当代新实学的发展，离不开整个社会大的文化环境，自然也离不开儒学的复兴运动。如同不能把古代的实学从儒学体系中分离出来一样，今日的新实学研究、建构，也应当是儒学复兴运动的一个组成部分。在新时代主流意识形态理论中，关于"实"的论述主要有：一是对传统文化评述中，认为儒家思想和中国历史上存在的其他学说都蕴藏着脚踏实地、实事求是、经世致用、知行合一、躬行实践的重要启示——既与我们对实学的上述广义解读紧密关联，又可作为"崇实黜虚"的实学宗旨；二是在当代治国理政各领域提出诸如"实干兴邦、'三严三实'、'两学一做'、九分落实、撸起袖子加油干""增强狠抓落实本领，坚持说实话、谋实事、出实招、求实效"等思想，对"实"的重要性、方法论及其运用领域作了很好阐释，实质上是"新时代新实学"的最好表述，亦可看作是新实学文化的当代指导思想来源。

我们应从三个方面加强对新实学体系的研究和构建。第一是在思想史领域中对传统实学的研究应进一步深入。从中国实学研究会的活动看，中国实学的研究从"明清"进入，从中国走向日韩，从哲学史走向哲学。研究方法不断创新，研究对象不断扩大，研究成果水平不断提高，国际学术交流层次不断提升……在可以预见的未来，对于历史上存在的实学思潮的研究，仍然可能是新实学建构的基础。第二是对中国管理学领域的开辟。中国实学的核心内容就是经世致用，"利用厚生"的主要方面则无疑是生产领域中的经营活动。明清时期很多实学家对商业活动的合法性、对商业经营的方法进行过深入的研究，这应当看成是中国资本主义萌芽的表征。现代社会的本质是市场经济社会，在市场中应当如何进行企业管理、营销管理、人力资源管理？西方国家这方面有一套成熟的经验需要我们学习，但是西方国家的经验是建立在基督教文明的背景下，离开了这一大背景，在中国简单照搬就显得不大灵光了。所以葛荣晋教授花大力气对中国管理哲学进行研究，已有多部著作面世，在很多企业讲学，成果斐然。这应当视为中国实学在应用化方向上的一种尝试。中国传统哲学不能全部停留在身心性命之间，还应当用更多的精力关注国计民生。第三是儒学普及工作的展开。中国实学非本体论化，并不是非道德化。无论是以气为本体的实学家，还是以理为本体、心为本体的实学家，无不把"实心实行""躬行践履"当作实学的要务。当代中国道德领域的严重滑坡，关键因素在于道德体系的瓦解、道德资源的枯竭。继承、弘扬、传播中国古代优秀的道德文化遗产，应当是新实学重构的一个组成部分。应当研究儒学普及工作中的方法问题，使之在注重道德实践的正轨上发展。当代中国很多学校在逐渐恢复传统文化教育，使得青少年道德教育工作出现了新的局面，这应当视为"道德实学"的一种创新。

实体性、实证性、实效性等特征是新实学的基本特征。思想文化抽象的哲学思辨是必要的，最终却应走出理论的圈子，如同马克思主义者历来倡导的"和现实运动"的结合，变成"改变世界"的力量。中国言实出版社出版的《传统实学与现代新实学文化》（1—5卷）提出的"新实学"，同样主张对历史上的实学继续深入挖掘，对人物和专题的"大部头"精深探索，有助于厚实实学理论基础，扎牢实学文化根基。

构建新实学并非刻意和老一辈实学研究者区分开，它的背后其实反映了新的转向、新的理路。一方面，它更加倾向于对实学作广义的解读——就是把优秀传统文化特别是儒家思想运用于当代的政治、经济、文化、军事、外交等各个方面，让传统文化从原来的图书馆、讲堂、博物馆等形式在生产生活中"活态化"，从"生命力源泉"转化为现实的价值动力——这是对老一辈实学研究领域的拓展。另一方面，它暗合当今主流意识形态把优秀传统文化提到"治国理政思想文化资源"高度的时代潮流，因而发展的前景将更为广阔、丰溢。

中国古代的实学不仅仅是一种思辨的哲学思潮，更是一场影响巨大的社会运动。正是在这样一场有众多儒家专家学者参与的社会运动中，才逐渐形成了实学的思想范畴。当代的新实学，也应当是在儒学复兴运动中建构自己的理论体系，而不应仅仅在教授的书斋中。

（二）新实学体系建构的方向

传统实学作为儒学中的一种哲学思想和学术倾向，是对同样存在于儒学内部的那种玄学化倾向的抑制。客观地说，这两种倾向都是需要的，但是不能一端独大，压倒另一端。历史上实学思潮盛行的时期，往往是玄学化倾向过头的时期。当代新儒学的重构，其内部同样存在这两种倾向。就中国哲学史、思想史的主流看，留洋教授主导的中国哲学研究，自然难免玄学化的倾向。从胡适出版第一本《中国哲学史》开始，就都是用西方哲学来重构中国哲学体系。冯友兰的新理学，贺麟的新心学，熊十力的新唯识论……几代新儒家的著作越出越多，内容越来越深奥。可以说这种玄学化的研究方法，在台湾新儒家的手中走到了极致，牟宗三、唐君毅、徐复观……他们已经把几乎西方所有哲学流派的观点，都搬到了中国思想史的舞台上，重新解构了中国的古代思想家。客观地说，儒学玄学化的努力是有价值的。儒学是一种世俗化的哲学，如果不能从哲学上对其进行最深刻的证明，其存在的合法性就会失去依据。但是事情还有另外一面，即这种玄学化的工作只能在大学校园里由少数教授完成。这说明新儒学的复兴，仅仅靠玄学化的方向还是不够的，甚至在某种意义上说，需要实学化的努力对其加以制衡。不然，儒学就永远停留在教授的书斋中，很难在社会上发挥实际的效用，这一点已经引起了台湾同行们的反思。从某种意义上说，新实学的构建应当继承古代实学家"躬行践履"的实践精神，除了关注实学理论的建设外，更应当注重儒学在当代社会实践中的应用。

第一，关注国计民生。当代生产力正在强大的科学技术力量的推动下，以前所未有的速度和力度发展，但是科技发展恰恰丧失了"科技以人为本"的价值维度。结果是科技与生产的发展，一方面极大提高了人们的生活质量，但是另一方面却为人类的可持续发展，甚至是可持续生存埋下了隐患。从经世致用的核心理念出发，新实学应当关注人与自然、人与社会、人与自身的欲望等等迫近的问题，为科学技术和生产力的发展安装价值理性的"导航仪"。

第二，重建国民道德。在中国当前经济转型的过程中，如果没有必要的道德建设跟进，那么社会崩溃是随时可能发生的。如何在中国文化的基础上重建新道德体系，重建国民道德信仰，是中国新实学今后应当关注的重大社会问题。通过一系列学术普及传播和学术实践活动，将实学思想和实学精神传及大众，通过伦理道德教化影响更多的人，科学看待实学文化传统，实现实学文化经世传统的现代转化和发展，重建国民伦理道德体系。

第三，开拓哲学范畴。一门新学科的建设，首先要形成自己独特的理论观念。传统实学留下的一些具有深刻哲学价值的重要观念，如"经世致用""崇实黜虚""实事求是"等等我们要继承并且加以发扬。但是仅此还不足以构建新实学，如果仅仅有这些，那么我们还只是"照着讲"，还只是思想史的组成部分，而不是新实学。新思想一定要有新概念、新范畴，并将其组合成一个有机的体系。例如日本东亚实学研究会的小川晴久先生提出的"实心实学"，尽管有韩国洪大庸的前缘，但是经小川先生继承发挥，注入了许多现代化的解释，就可以成为新实学的新范畴。中国实学研究会的葛荣晋先生提出的"实体达用"，也明显具有概念创新的性质。不过这些范畴是否合理，是否适合中国当代社会的国情，是否可以得到同行的认同，还需要实践（时间）的检验。

第四，探索研究方法。构建新实学的步伐多年来之所以进展不大，关键还是方法论方面的研究进展有限。长期以来我们一直以"体用一如"的观念研究中国实学这种明显具有功能性的学派，就会表现出众多的困难。因此我们需要引进、创造新的方法。不然即使出现了很多的新概念、新范畴，仍然不能形成新的体系，还不能叫作新实学。

第五，建设强大队伍。孔子说："人能弘道，非道弘人。"一门学科的发展壮大，关键在于得人。中国实学研究会的创建是由于葛荣晋等一批老一辈学者的开拓建设，但是如何把这一事业做大做强，需要一大批学界的后起之秀。任何学科的发展都有一定的规律性，人才的创新都是在充分学习了世界上各种先进的方法，在年富力强的时期发挥出来。从某种意义上说，得人才者得天下。

中国近现代哲学史上，已经出现了新理学、新心学、新唯识论、新气学、新儒家等等创新性的学派，分别重新诠释了中国古代思想史上的不同哲学流派，用以解决当代中国社会发展中的问题。作为中国儒学主要流派的实学，难道不需要创造更新吗？

（三）新实学体系建构的方法

根据"实学"研究近年来取得的成果，"新实学"的建构可以按照纵、横两个不同的方法。从纵的方法来看，我们可以把"新实学"分为三个层面（类比于现代科学体系中的理论科学、技术科学、工程科学，又似同文化的观念、制度、器物层面的划分）：

首先是基础理论的探讨。"新实学"要建立在一个什么样的理论基础上？这就涉及对宇宙观、世界观的基本看法。葛荣晋提出的"新气学"设想，也许有针对 20 世纪以来中国哲学史领域有"新理学""新心学"的意味。其实，"新气学"作为"新实学"的基础理论最为恰切。"气"代表了中国人对世界本原、构成、演变的基本看法，并与"道""理""性""心"等基本观念有着关联，既非绝对的"客观"，又非完全的"主观"，似乎还有"天人合一"的烙印。按照马克思对未来"人的科学"将包含纯粹"自然科学"的观点，中国文化关于"气"的有机科学（李约瑟）或能在这方面大放异彩。为此，从实学特质梳理古人对此的系统观念，去伪存真、去玄留实，就显得非常必要。

其次是技术理论（这样的概括感觉还是欠妥）的探讨。基础理论转化为实践，中间的环节可叫技术理论。实学抽象的观念文化"熔铸"到各个领域，如政治、经济、社会、科技、军事、外交等，产生一大批专业视域的具体理论成果。学者们有相对的分工特色，做精做实，固然无可置疑，偶尔或经常的"交界"

"越界""跨界"也是必要的。我们本身生活在无限多样化的社会中，来自各方面的信息和感受时时刻刻都在冲击着人们的神经中枢，跨越专门的学科式壁垒，构成当代人文科学研究亮丽的风景线。其实，做专、做精，本身即在不断冲破固有的藩篱，渗透到方方面面。人文科学不同于自然科学相对封闭的"实验室"，它的试验场就是社会这个大舞台。头脑对时代的呼应方式是多种多样的。在这样一个传统文化需要普及、需要推广的时代里，学者很难再关起门来搞一个抽象的理论而不关注现实。

最后，还有一个实用的、操作的层面。以上两个层面更多的是学者、专家的参与，实学文化如何做到为群众所吸收，显然是不够的。在学校、企业、乡村、城市的推广普及中，文化的"落地"更需要"接地气"才能转化为群众的实践。这恰恰与"实学"精神是一致的。不关注基层的需要，闭门造车，建造再"华丽"的宫殿，老百姓会认为与自己没有多大关系，转变不成他们精神生活急需的一部分。朴实的语言、庄重的仪式、必要的礼仪……都是必要的。学者切勿"眼界"向上不向下，有意地忽略甚至轻视百姓日用摸索出来的一些好方法，简单斥之为"登不了大雅之堂"或"神秘化"等论，往往封杀了群众探索的热情。如果这些学者能够亲身到群众中走一走、深入体会一下群众在我们这个时代究竟需要什么，很多不当的甚至错误言论就会大为改观。当然，一些在基层"力行"传统文化的民间人士，也应一定程度地"眼界"向上，接受更多的乃至系统的理论熏陶，丰富实践背后的理论指导，当自觉性更强，切勿一味认为学者"酸溜溜"的，甚至言行不一，不值得去学习。解行相印证，不同群体和阶层之间的互动，非常有利于理论的实证化、实践中出理论的认知反复直至飞跃。

从横的方法看，就是把纵的方法的每一层次作宽领域的拓展。纵的方法建构起来的实学大厦或如金字塔式的，或如一栋普通楼房式的。多年的实学研究成果，或者说直到目前奠定起来的学术范式是一个倒立的金字塔，除了葛荣晋作了一定程度的相应拓展之外（在第一层次之外，进入第二层次的中国式管理哲学体系的建构），有的学者比如实学会理事黎红雷对第二层次和第三层次在儒家管理特别是儒商的探讨富有成效，其他很多学者还停留在早期实学对人物实学思想的梳理和启示上（这一部分当然也有继续深化的必要性）。这些层次之间到底是一种什么样的联系？还缺乏有机的过渡性阐明。葛荣晋的《实学文化与当代思潮》《中国实学文化导论》等著作，从"学派"建构来看，属于实学的"元哲学"层面，但正如其书名所昭示的，还处在"导论"阶段，仍有较大的理论提升空间。

第一层次要在挖"深"中扩张。比如，可以集中精力、集中一段时期一步一步来探讨什么是"实体实学"、什么是"元气实学"、什么是"科技实学"、什么是"实心实学"、什么是"考据实学"等等专题。也可以分人物来进行专门探讨。对于历史上一些著名的、我们认为能够从"实学"角度探讨的大家，如王夫之、方以智、傅山、顾炎武、颜元、孙奇逢、李颙、戴震等等，均可在原有"一章一节一文"研究的基础上，作更深入的挖掘。这些思想究竟对我们今天的社会主义文化建构、对解决当今人类面临的疑难问题能够提供什么样的智慧。下一步甚至可以分成专题，召集有关方面的专家进行座谈，举办有关的学术专题会议和读书班。每年如有几个专题会议、有一大批相应的专著和文章，实学理论研究面临的就不是后继无人的状况，而是持续的繁荣深化景象。

实学研究的第二、第三层次基本上没有"做起来""做出来"，"悬空""不落地"是现在遇到的最大问题。别人可能会说，你们"实学"研究不"实"，整天在那里探讨一些"实"的玄学，有什么用？中间层次要做大，第三层次要做"实"。当然，究竟怎么样能做大、做实，特别是渴望那些在这方面已经做出成效、有丰富实践经验的人士支招、出主意。我们集中起来这样一个学术团队，各位专家也有各自的学术兴趣和特色研究领域，而实学会的目的就是为了给大家提供一个研究"实学"的平台。这个"平台"有赖于各方面专家的支持，才能真正做大、做强。

要实现实学在当代的传承与创新，构建中国新实学，还需要从认识、评价和继承三个方面来把握。

首先，全面系统的认识是前提条件。实学具有独特的内容，也有严密的体系。要全面认识实学，应该从历史发展、不同流派等方面，结合经世致用的指导原则，将实学的源流、发展、冲突、融合等一一列出，打牢文化传承的历史基础。

其次，科学准确的评价是重要基础。科学准确地评价实学，是建设优秀传统文化传承体系、推动社会主义文化大发展大繁荣的一个重要基础。实学中的优秀思想，对于解决当前社会发展中出现的一些问题是具有重要意义的。

最后，批判继承、综合创新是必然要求。世异则事异，事异则备变。传统意味着历史，但当前的实学文化传承体系建设绝不应局限于历史，而是要用历史的、发展的眼光来审视和定位实学文化传承体系的建设。

我们要更加关注当前实学文化发展的时代性，要用历史的、发展的眼光审视实学文化的传承，同推进马克思主义中国化、建设社会主义核心价值体系、建设中华民族现代文明等一同思考。我们不仅要考虑解决当前问题，而且要考虑解决进一步发展以后可能出现的问题，在继承中发展实学文化，在发展中继承实学文化，突出优秀实学文化传承体系的包容性，持续为中华民族的伟大复兴提供强大的精神文化支持。

第三部分

实学人物传略

一、宋代实学思想家

（一）胡　瑗

致天下之治者在人材，成天下之材者在教化，职教化者在师儒，弘教化而致之民者在郡邑之任，而教化之所本者在学校。

——《松滋儒学记》

胡瑗是北宋时期理学先驱、思想家和教育家。

胡瑗（993—1059），字翼之，泰州海陵（今江苏姜堰区）人。因世居安定，学者称安定先生。与孙复、石介并称"宋初三先生"。曾在苏州郡学、湖州州学讲学达 20 年，创苏湖教学法。为国子监直讲，官至太常博士致仕。著有《尚书全解》《春秋要义》等。

在中国教育史上，胡瑗在教育教学的改革和创新方面所取得的成就是非常引人注目的。比如，他在教学过程中提出的教育理论问题和"分斋教学""因材施教"的教学方法，都是具有创造性的实践活动，为我国教育事业的发展作出了卓越的贡献。胡瑗执教 30 多年，培养出来的人才达数千人，他们致力于国家建设的方方面面。他的学生刘彝对宋神宗称赞胡瑗说："今学者明夫圣人体用，以为政教之本，皆臣师之功。"

胡瑗以"明体达用"为教育宗旨，培养通经致用的各类人才。所谓"明体"，就是明了和把握包括儒家经典中君臣父子、仁义礼乐等纲常伦理在内的圣人之道；所谓"达用"，就是将圣人之道作为修身、治国的指导思想和知识才能。

"分斋教学"的教学内容与方法是胡瑗教育实践创新的核心内容，目的在于使学生各有所长。他在学校中设立"经义斋"和"治事斋"（又名"治道斋"），前者重在培养心性疏通、可成大事之人，后者则重点培养军事、水利、算术等方面的人才。

胡瑗教育思想还体现了独特的教学艺术，在教学过程中很注重调动学生的积极性，通过激励的方法来提高学生的学习热情，在要求学生刻苦攻读的同时，又十分关心学生的身体健康。十分注重学习环境的营造，提倡学生多参加一些课外活动。

在治国方面，胡瑗主张将政治手段与道德修养相联系，强调君王自身道德修养的培养；认为礼是处理政事的指导原则，处理政事如果不遵循礼，便无法施行。坚持安民之道，把百姓的利益放在第一位，认为以民为本是统治者在维护国家政治统治过程中必须关注的重点，是治国安邦的基本原则。提倡政治改革，主张变通，只有变革才能解决北宋的政治社会之弊。

胡瑗不论是在教育领域还是在政治领域取得的成就都是值得肯定的，对北宋后期产生了重要影响，为儒家思想的延续及发展起到了作用，为宋代理学的形成提供了依据，构成理学形成并走向成熟的重要资源。

（二）李　觏

性不能自贤，必有习也；事不能自知，必有见也。习之是而见之广，君子所以有成也。

——《李觏集》

李觏是北宋时期重要的哲学家、思想家、教育家、改革家。

李觏（1009—1059），字泰伯，号盱江，北宋建昌南城（今江西省南城县）人。南城在盱江边，李觏在此创建盱江书院，所以又被称为"盱江先生"。他生当北宋中期"积贫积弱"之世，虽出身寒微，但能刻苦自励、奋发向学、勤于著述，以求安国济民。李觏博学通识，尤长于礼，成为"一时儒宗"。今编有《李觏集》。

李觏以"人论""易论""礼论"作为哲学基础，通过义利之辨，确立了"注重功利、义利双行"的义利双重价值观；通过对佛教思想的批判，提出了经世致用的实用主义观念；提出安富保富的新思想——保富论，构建了极富特色的新功利主义经济伦理思想体系。

李觏以"强本抑末"论为核心，主张农本经济，商业富国，农商并重、农商相补、农商互利，重农不抑商。在理财可富国养民、"民不益赋而国用饶"的基础上构建了其富有特色和实用价值的理财经济思想体系。遵循中国古代思想家"尊天、敬德、保民"的逻辑思路，提出"医国救民""康国济民""富国利民"等一系列民生政策、措施。其经世致用的学术特点和丰富的经济思想理论体系，对中国自宋以后经济思想的发展演变产生了积极、深远的影响，对于今天中国特色社会主义市场经济建设仍有重要的借鉴意义。

李觏生活在宋朝"祖宗之制"的弊端完全暴露、朝政内外交困的时代。他与范仲淹等改革派一道，积极呼吁进行政治改革，以挽救时代危机。通过深入挖掘儒学经典，寻觅治国良策，建立起自己的政治思想体系。他以礼囊括、整合了儒家道德伦理体系，作为重建社会秩序的标准，并据之考察了当时政治制度的弊端，提出了一整套的改革主张，为改革派提供了理论支持。

作为北宋中期具有进步倾向的著名思想家，李觏忠实地践行着儒家修齐治平思想。但是由于种种原因，他壮志未酬，沉寂了900余年。直到1922年，胡适先生发现并表彰了李觏的卓越思想，人们才对这一备受冷落但博学多识、忧国忧民的思想家开始加以研究。

（三）张　载

富贵福泽，将厚吾之生也；贫贱忧戚，庸玉汝于成也。存，吾顺事；没，吾宁也。

——《西铭》

张载是北宋时期著名的思想家、教育家，宋明理学创始人之一。

张载（1020—1077），字子厚，世称横渠先生。凤翔郿县（今陕西省宝鸡市眉县横渠镇）人。少喜谈兵，交好范仲淹，研读儒家"六经"。嘉祐进士。讲学关中，故其学派称为"关学"。著有《正蒙》《横渠易说》《经学理窟》等，今人编为《张载集》。

张载继承和发展古代"太虚"的范畴，并对它加以改造和扬弃，用来表示物质存在的基本形式和物质运动基本状态，提出了"太虚即气""气为本体""气化万物"的宇宙观。宇宙的本体、万物的始基是气，万物都是由气演化而来的，形态万千的万物，都是气的不同表现形态。不论聚为有象的"有"还是散为无形的"无"，究其实质，都是"有"，不是"无"。气只有存在形式的不同变化，是永恒存在的。

人和万物的本性，同出于"太虚之气"。因此，性是永恒存在的，先天之性本源是纯善纯清纯洁的，但人生下来之后，具有不同的身体条件、生理特点、家庭环境和自然环境，这些外在因素与人与生俱来、先天禀赋的天地之性结合，交互作用和影响而形成的后天之性，就是"气质之性"。气质之性有善有恶，是恶的来源，是人欲的体现。人犯错误，作恶了，是气质之性中的恶性。人要成为圣贤君子，必须变化气质之性，去掉气质之性的遮蔽，回归和彰显天地之性。变化气质之性的方法、途径是接受教育，学习礼义道德，养气集义。

人的知识是由耳目鼻舌身等感官接触外界事物而获得，即为"闻见之知"。但仅闻见之知，并不能全面认识天下有形有象之事物，更不能穷尽无形的天下事物之理。要穷理尽性，必须有一种比闻见之知更广泛、更深刻的知识，就是"德性之知"。圣贤之心如太虚之大而无外，只有大其心，才能体认天下万物，人的心应扩大到与天同大的境界，才能合天道之心。

张载回到家乡后，带领学生进行恢复古礼和井田制两项实践。据《周礼》的记载，井田制是将一块土地分成九块，外围八块分给八户人家，各自耕种，收成归自家所有，中间一块为公有土地，需要这八家人一起耕种，收成归公。张载认为，这样做可以解决北宋的民足食和国足用等经济问题。

"关学"是由张载创立，以其弟子及南宋、元、明、清诸代传承者为主体，教学及学术传播以关中为基地而形成的重要儒家学派。

（四）王 安 石

天变不足畏，祖宗不足法，人言不足恤。

——《宋史·王安石列传》

王安石是北宋著名思想家、政治家、文学家、改革家。

王安石（1021—1086），字介甫，号半山。抚州临川（今江西抚州）人。曾两次拜相，主持变法。因守旧派反对，罢相。潜心研究经学，著书立说，创"荆公新学"，促进宋代疑经变古学风的形成。有《王临川集》《临川集拾遗》等存世。

公元 1069 年至 1085 年，北宋神宗时期王安石主导了熙宁变法。在整个政治实践中，王安石始终秉承着"三不足"精神，主张"变风俗、立法度"，以期达到"富国强兵养民"的终极目标。提出了"立善法于天下""上下守法""理天下之财"等制度目标。为了实现"同治天下"的政治理想，提出了政治主体修身、廉政、有为的特殊要求。本着经世致用原则，提出以

"义"为核心的理财观念；改革教育与科举制度，选拔实用性人才；明法度，创立善法，制于天下。这是一种全局治理观，从构建体制机制，到改变社会风俗、道德伦理，逐步形成合理的治理体系。

王安石变法的根本目的，是要改变北宋"积贫积弱"的局面，增强对外防御、对内治理的能力。从新法次第实施，到新法为守旧派所废罢，其间将近15年。在这15年中，每项新法在推行后，虽然都不免产生了或大或小的弊端，但基本上都能收到一些效果，"富国强兵"的效果是十分显著的。通过"强兵之法"的推行，积弱局面得以缓解，北宋国力有所增强。保甲法的推行，加强了农村基层治理秩序，既维护了农村的社会治安，又建立了全国性的军事储备，节省了大量训练费用；裁兵法提高了军队士兵素质；将兵法改变了兵将分离的局面，加强了军队战斗力；保马法使马匹的质量和数量大大提高，同时政府节省了大量养马费用；军器监法增加了武器的生产量，质量也有所改善。这些措施扭转了西北边防长期以来屡战屡败的被动局面。

从文学角度纵观王安石的作品，无论诗、文、词都有杰出的成就。北宋中期开展的诗文革新运动，在他手中得到了有力推动，对扫除宋初风靡一时的浮华余风作出了贡献。强调文学的"实用"，但对艺术形式的作用往往估计不足。把文学创作和政治活动密切地联系起来，认为文学的作用首先在于为社会服务，强调文章的现实功能和社会效果，主张文道合一。其散文大致贯彻了他的文学主张，揭露时弊、反映社会矛盾，具有较浓厚的政治色彩。

（五）程颢、程颐

学者须先识仁。仁者，浑然与物同体。义、礼、智、信皆仁也。识得此理，以诚、敬存之，不须防检，不须穷索。

——《识仁篇》

程颢、程颐兄弟被世人合称为"二程"，是北宋著名的理学家和教育家，宋明理学的奠基者。

程颢（1032—1085），字伯淳，号明道；程颐（1033—1107），字正叔，世称伊川先生。他们是河南洛阳人，其学说也被称为"洛学"。程颢曾任地方官，有治绩，曾参与王安石变法，官至监察御史里行。程颐在司马光执政时，被荐为崇政殿说书、西京国子监教授，在政治上屡受迫害或贬职，晚年获赦返乡，聚徒讲学。他们的著作被今人编辑为《二程集》。

程颢提出"天者理也"的命题。他把理作为宇宙的本原。就天道的内容来说，程颢形容它是"生"，谓世界生生不已，充满生意，提出"天只是以生为道"，故"天地之大德曰生"。他认为生是天道，是天地之心，于是称天道为仁。按程颢的说法，在生生不已的天道之下，通过阴阳二气的氤氲化生，产生天地万物，人只不过是得天地中正之气。故"人与天地一物也"。因此对于人来说，要学道，首先要认识天地万物本来就与我一体的这个道理。人能明白这个道理，达到这种精神境界，即为"仁者"。

程颐论述为学的方法时提出自己的格物致知说。认为格物即是穷理，即穷究事物之理；最终达到所谓豁然贯通，就可以直接体悟天理。他所讲的穷理方法主要是读书、论古今人物、应事接物等。"一草一木皆有理，须是察。"主张以知为本，先知后行，能知即能行，行是知的结果。不过，其格物论，指向人文理性，并不是指向自然科学。

"主敬"是程颐修养工夫的主旨。论"敬"强调"主一"，指人用心于一处。二程对佛道二教主张的"静"并不排斥，但表示，敬可生静，而静却不能生敬；静的归宿是忘，而敬则导向齐家治国平天下的儒家入世的价值理想。"定"并非是指"不动"，"所谓定者，动亦定，静亦定，无将迎，无内外。"

二程的理论体系从多方面奠定了宋明理学的基本框架。南宋以后，无论是朱熹的"性即理"还是陆王的"心即理"，他们的哲学思想都是围绕二程的"理"而展开的，都是对这个基本架构的补充或完善。

（六）朱　熹

为学之实，固在践履。苟徒知而不行，诚与不学无异。

——《朱文公文集·答曹元可》

朱熹是南宋时期著名的理学家、思想家、哲学家、教育家、诗人。

朱熹（1130—1200），字元晦，又字仲晦，号晦庵，晚称晦翁。祖籍徽州府婺源县（今江西婺源），生于南剑州尤溪（今属福建尤溪）。19岁考中进士，曾任江西南康、福建漳州知府，浙东巡抚等职，做官清正有为，振举书院建设。官拜焕章阁待制兼侍讲，为宋宁宗讲学。晚年遭遇庆元党禁，被列为"伪学魁首"。著述甚多，后人辑有《朱子大全》等。

朱熹 52 岁时，将《大学章句》《中庸章句》《论语集注》《孟子集注》四书合刊，经学史上的"四书"之名第一次出现。之后，他仍呕心沥血修改《四书集注》，临终前一天还在润修。"四书"被定为封建士子修身的准则，长期为其后王朝所垂青，作为治国之本，也作为人们思想行为的规范。

朱熹认为理是先于自然现象和社会现象的形而上者。理比气更根本，逻辑上理先于气；同时，气有变化的能动性，理不能离开气。万物各有其理，而万物之理终归一，这就是"太极"。太极既包括万物之理，万物便可分别体现整个太极。这便是人人有一太极，物物有一太极。每一个人和物都以抽象的理作为它存在的根据，每一个人和物都分有完整的理，即"理一分殊"。

朱熹在总结前人教育经验和自己教育实践的基础上，基于对人的生理和心理特征的初步认识，把一个人的教育分成"小学"和"大学"两个既有区别又有联系的阶段，并提出了两者不同的教育任务、内容和方法。朱熹认为 8—15 岁为小学教育阶段，其任务是培养"圣贤坯璞"；15 岁以后为大学教育，其任务是在"坯璞"的基础上再"加光饰"，内容重点是"教理"，为国家培养所需要的人才。这为中国古代教育思想增添了新鲜内容。

朱熹的弟子对朱熹读书法概括为"朱子读书法"六条，即循序渐进、熟读精思、虚心涵泳、切己体察、着紧用力、居敬持志。读书应该按照一定次序，前后不要颠倒。"量力所至而谨守之"，不可囫囵吞枣，急于求成。读书时要反复咀嚼，细心玩味。须要见之于自己的实际行动，身体力行。读书必须精神专注，注意力高度集中。要树立远大志向，并以顽强的毅力长期坚守。

朱熹在南康军任上，为修复白鹿洞书院殚精竭虑。他亲自订立的《白鹿洞书院教规》，是世界教育史上最早的教育规章制度之一，对教育目的、训练纲目、学习程序及修己治人道理，都一一作了明确的阐述和详细的规定。它不仅成为后续中国传统社会书院办学的模式，而且为世界教育界瞩目，成为国内外教育家研究教育制度的重要课题。此外，他还改建、扩建了位于湖南长沙岳麓山下的岳麓书院，空余时间亲自到此讲课，使之成为南宋全国四大书院之一。

朱熹是理学集大成者、闽学代表人物，被后世尊称为朱子。他的理学思想影响很大，其著作《四书章句集注》成为钦定的教科书和科举考试的标准，乃元、明、清三朝的官方哲学。

（七）张　栻

行之力则知愈进，知之深则行愈达。

——《论语解·序》

张栻是南宋初期的思想家、教育家。

张栻（1133—1180），字敬夫，后避讳改字钦夫，又字乐斋，号南轩，学者称南轩先生。曾主管岳麓书院教事，从学者达数千人，初步奠定了湖湘学派规模，成为一代学宗。其学自成一派，与朱熹、吕祖谦齐名，时称"东南三贤"。其著作被编为《张南轩公全集》《南轩文集》《张栻集》。

张栻主张天下万物皆生于理，理是万物赖以生存的根据。天、性、心三者均为天理的直接体现。"心也者，贯万事统万理，而为万物之主宰者也。"心是万物主宰，是万理统摄。这便由同体于理，发展到心直接为本体。认为一切从心上做，便可以"久久自觉深长而无穷也"，以本心为基础，从心上体验天理。

在知与行的关系方面，张栻主张"知行并发"。认为知和行二者的结合是教学必须贯彻的重要原则和方法。人的实践活动开始都是依据人所认知的事物，实践越深入则认知越深入，认知越深入则实践越广博，行知必自始至终相互随行。行必须以知为指导，而知有待行而深化，知可促进行，行亦可促进知。

张栻到静江府上任不久，便发现了管辖范围内社会的风俗习惯存在一些问题，于是他立即颁布《谕俗文》，指出旧时传下的不好的习俗需要改革。比如对人民为求风水听从道士之言而随意挖掘祖辈坟墓，甚至未经许可迁移他人祖坟之事严令禁止；对人民听僧人诱骗丧葬之礼不遵法度铺张浪费之事多加开导教育；对人民听巫师妄言病不服药、至亲不理、离析亲友之行为强烈谴责，捉捕并惩处散布谣言之人。以与群众生活联系最为密切的"生老病死"问题为切入点，去粗取精、移风易俗，在稳定社会生活秩序的同时弘扬儒家伦理的正统思想。

岳麓书院重建时，张栻撰写了《岳麓书院记》，奠定了岳麓书院的办学方针和指导思想。张栻反对科举利禄之学，以培养传道济民的人才为其办学指导思想。对教学程序进行了概括：对学生首先灌输"小学""六艺"的教育，进行"洒扫应对"之类的日常锻炼；加以"弦歌诵读"，使学习达到高级阶段；研修深造，进入《大学》所指的格物致知阶段。

张栻继承和发展了胡宏开创的湖湘学统，对南宋理学、教育界有着重要的贡献。其经世致用的政治伦理思想对政治意识塑造、社会治理模式以及四川、湖南的学术文化产生了广泛而深刻的影响。

（八）吕 祖 谦

讲实理，育实材而求实用。

——《吕东莱文集·大学策问》

吕祖谦是南宋时期的理学家、文学家。

吕祖谦（1137—1181），字伯恭，婺州（今浙江省金华市）人，祖籍淮南寿州（今安徽省凤台县），人称"东莱先生"。与朱熹、张栻齐名，并称"东南三贤"。博学多识，主张明理躬行，学以致用，反对空谈心性，发"浙东学派"之先声。著有《东莱集》《历代制度详说》《东莱博议》等，并与朱熹合著《近思录》。今人编有《吕祖谦全集》。

吕祖谦提出要"讲实理、育实才而求实用"的人才观。读书学习当求实用。"百工治器，必贵于有用，器而不可用，工弗为也。学而无所用，学将何为也邪？"工匠们制作器皿，是因为这些器皿对于人们的生活来说有用。如果器皿做出来不能用，工匠们就不会去做。学习就如工匠做器皿，是因为学习对生活有实用，才去学习，学习没有实用还学它做什么呢？在教学活动中除向学生传授儒家经典外，更重视与百姓生活息息相关的国计民生问题。

吕祖谦曾说:"当官之法唯有三事:曰清,曰慎,曰勤。知此三者,则知所以持身矣。"对此吕祖谦铭记在心,并曾赠初仕之门人相勉。"清""慎""勤"构成了吕祖谦吏治教育的主要内容。

作为一个以史学著称的学者,吕祖谦的教学活动中掺杂了诸多关于历史观的实学教育主张。他曾经把历史形象地比喻为"药山",其中富含治国济民的药方,关键是是否有一个正确的采集方法。只有"观史当如身在其中",才能真切体会历史真实,更能置身于其中磨炼自己。

吕祖谦主张学问是无止境的,要有"不讳过、不自足"的精神。要像《礼记·学记》中所说的那样,"学然后知不足,教然后知困。知不足然后能自反也,知困然后能自强也"。经过学习知道自己知识的贫乏,会更努力地求学;在教育别人的过程中碰到连自己也不懂的问题,会更加努力地钻研。这样经过广泛地积累素材,学问就会日进。

1175 年,朱熹与吕祖谦抵至江西信州(今江西上饶)鹅湖寺。吕祖谦为了调和朱熹"理学"和陆九渊"心学"之间的理论分歧,使二人的哲学观点"会归于一",于是充当发起人和组织者,出面邀请陆九龄、陆九渊兄弟前来与朱熹见面。此为学术思想史上著名的"鹅湖之会"。

吕祖谦在做官时热心教育,不做官时也以教书育人为己任,为朝廷培养了诸多人才。不仅左右当时,且惠及后世,影响了南宋及元明清几百年的学术发展方向,对后世产生了巨大的影响。

（九）陆 九 渊

宇宙内事，是己分内事；己分内事，是宇宙内事。

——《杂说》

陆九渊是宋明时期"心学"的开山之祖、"陆王心学"的代表人物。

陆九渊（1139—1193），字子静，抚州金溪（今江西省金溪县）人，讲学于象山书院，人称"象山先生"。南宋乾道进士，历任靖安县主簿、知荆门军等地方官。创立南宋"心学"一派，开启了理学思潮新生面。其著作后人汇编为《象山先生全集》，今有《陆九渊集》行世。

陆九渊三四岁时"思天地何所穷际不得，至于不食"，13岁时有一天对自己少儿时思考的问题忽有所悟，他读古书中"宇宙"二字，见解者说"四方上下曰宇，往古来今曰宙"，于是忽然省悟道：原来"无穷"便是如此啊。人与天地万物都在无穷之中。他提笔写下："宇宙内事乃己分内事，己分内事乃宇宙内事。"他立志要做儒家的圣人，做圣人的道理不用别寻他索，其实就在自己心中。对宇宙无穷与对圣人之心广大的顿悟，使陆九渊进入了一种新的人生境界，正像他后来所说，人须是闲时大思量：宇宙之间，如此广阔，吾身立于其中，须大做一个人；天之所以命我者，不殊乎天，须是放教规模广大。

陆九渊以"心即理"为核心，创立"心学"，强调"自作主宰"，宣扬精神的主动作用。主张"吾心即是宇宙"，"明心见性"，"心即是理"，重视持敬的内省工夫。偏重在心性的修养，用孟子"先立乎其大""心之官则思""求放心"等命题，来阐发理学中"心性"的层面。以直觉为方法，认为心性本体虽超越于人的知识之上，却又不离人的知识。

心和理都是天赋的，永恒不变的，仁义礼智信等也是人的天性所固有的，不是外加的。学的目的就在于穷此理，尽此心。人难免受物欲的蒙蔽，心就不灵，理就不明，必须通过师友讲学，切磋琢磨，鞭策自己，以恢复心的本然。修养功夫在于求诸内，存心养心。具体方法是切己体察，求其放心，明义利之辨。

陆九渊出任荆门军知军（辖今湖北荆门、当阳两县），当时荆门是南宋边地，处江汉之间，为四战之地，有着重大的战略意义；但是实际防务极差，连城墙也没有。他"乃请于朝而城之"，经过一年左右的认真治理，"政行令修，民俗为变"。丞相周必大称赞说，荆门之政是陆九渊事事躬行的结果。

陆九渊的心学理论，倡导"尊德性"，主张先发明本心，与朱熹的"道问学"发生论争，在南宋学坛中独树一帜，极大地丰富了宋明理学的思想内容，提升了中国哲学的思辨水平。

（十）陈 亮

道之在天下，平施于日用之间。

——《经书发题》

陈亮是南宋时期思想家、文学家，浙东事功之学代表人物。

陈亮（1143—1194），字同甫，号龙川，学者称为龙川先生。婺州永康（今浙江永康）人。学无师承，潜心著述和讲学，创永康学派。才气超迈，喜谈兵事。反对议和，力主抗金。遭人嫉恨，两度入狱。晚年中进士，未仕而逝。其著汇编为《龙川文集》，新本改为《陈亮集》。

陈亮认为"道"不是先于事物、超越事物而独立存在。"道"离不开具体事物，"而常行于事物之间"。人与道不可分离，天、地、人三者构成宇宙统一体，"人不立则天地无以独运"，道也就不存在。"道"在天地间，如赫日当空，处处光明，开眼即是，人人可以体察、认识"道"。

陈亮反对理学中空言道德性命之论，主张发展事功之学，把先圣的精神理想落实下来。提倡"各务其实"的功利主义，指斥世儒自以为得正心诚意者，实皆麻木不仁，"举一世安于君父之仇，而方低头拱手以谈性命"，不讲求治国之实效，"尽废天下之实""于百事不理"，而用空言掩饰无能。认为"治者，实也"，"为士者"要有良好的品行；"居官者"要有处理政事的本领，人人都要各尽其职。

陈亮主张"义利双行，王霸并用"。认为"霸道"本于"王道"，"王道"又需要以"霸道"来体现，故王霸并用。刘邦、李世民的功业与汤、武无异，其心可以上接夏、商、周三代。管仲助齐称霸，是仁者之事，是王道的需要。基于王霸并用的理论，又认为义要体现在利上，义利并行缺一不可。利，是指"生此之利"。要做"志在天下""大有为"的英雄豪杰。这样的人才能"推倒一世"，"开拓万古"，大智大勇，才德双行。

陈亮力主抗金，曾多次上书孝宗，反对苟合偏安，痛斥宰相，倡言恢复中原，完成祖国统一大业。他的政论、史论，如

《上孝宗皇帝书》《中兴五论》《酌古论》等，提出"任贤使能""简法重令"等革新图强言论，无不以功利为依归。他的爱国词作能结合政治议论，自抒胸臆，曾自言其词作"平生经济之怀，略已陈矣"。

陈亮在与朱熹的关于王霸、义利辩论中，反映了正统理学与事功之学的差异，也体现了关注现实、以事功之学来批评和改造理学的尝试。

（十一）叶　适

读书不知接统绪，虽多无益也；为文不能关教事，虽工无益也；笃行而不合于大义，虽高无益也；立志不存于忧世，虽仁无益也。

——《叶适集》

叶适是南宋时期的思想家、文学家、政论家，永嘉学派的代表人物。

叶适（1150—1223），字正则，号水心居士。温州永嘉（今浙江温州）人。生于瑞安，后居于永嘉水心村，世称水心先生。与陈亮思想有异曲同工之处。中榜眼。历仕孝宗、光宗、宁宗三朝，历官平江府观察推官、太学博士、尚书左选郎、国子司业、知泉州、兵部侍郎等职。著有《水心文集》《水心别集》《习学记言序目》等，今编有《叶适集》。

叶适认为"道在于器数，其通变在于事物"，"善为国者，务实而不务虚"，主张寻求国家富强，收复失地，恢复华夏一统。注重实际的社会效果，要义利并立，讲究实效。不能像道学家一样空言，"虽有精微深博之论，务使天下之义理不可逾越，然亦空言也"。主张功利之学，反对空谈性命，对朱熹学说提出批评。

叶适看到工商业兴起中庞大的经济财富，反对朝廷对工商业发展的抑制，认为应该提高商业地位，重视商业发展，反对垄断的国家经营，开源增加财政收入，而不是一直只埋头在土地之中去寻找财富。农商两者之间有重要联系，两者相互作用，互相促进。"夫四民交致其用，而后治化兴"，每个行业之间要相互帮助，相辅相成，取得自己的收益。理财能够展现知识分子具有为百姓承担责任的精神表现。主张"以天下之财产与天下共理之者，大禹周公是也"，反对人们因为传统价值观而不敢理财，为追求仁义而讳言财利。

叶适作为一名主战派，并不是主张盲目出兵北伐，有着高尚爱国情操的他在战或和的问题上坚定地表明自己的抗金立场。在当时主和派占朝廷上风的时期，批评那些道学家偏重内务的态度，曾言："高谈者远述性命，而功业为可略"。提出屯田养兵，鼓励军队开垦荒田以自足，为国家开拓田地，减轻负担。主张实行定兵制，取消地方兵种，减兵额，实行精兵政策，保持训练有素的常备军。使淘汰下来的士兵回归农事，保证国家农业生产的稳定，实现节约军费而增加生产的目的。

叶适一生重教兴学，以培养人为己任。少年时期，他边读书边讲学。中年时期，在求学之间、从政之暇均设塾授徒。叶适罢职还乡后，尝寓居台州、黄岩、温岭一带办学授业，培养出陈耆卿、吴子良、丁希亮等许多名士，对台州当时学术界影响颇大。

二、元代实学思想家

（一）许　衡

学问思辨，既有所得，必皆着实见于践履而躬行之。

——《许衡集》

许衡是宋末元初著名思想家、教育家。

许衡（1209—1281），字仲平，号鲁斋，怀州河内（今河南省焦作市中站区李封村）人。与刘因、吴澄并称"元朝三大理学家"。躲避战乱，往来于河洛之间。应忽必烈征召，出任京兆府提学、国子祭酒。授中书左丞，联合徐世隆、刘秉忠制定仪官制度，为元代统治者策划"立国规模"。与郭守敬等新制仪象圭表，日测晷景，编定《授时历》。著《读易私言》《鲁斋遗书》等，今编有《许衡集》。

许衡不仅重视对知识的汲取，同时很重视将其所学付诸实践。据《元史》记载，在逃难祖徕山的途中，得到王弼的《易注》，"衡夜思昼诵，身体而力践之，言动必揆诸义而后发"。重视践行伦理道德，逃难路过河阳，由于天气炎热，人们争相抢食路边之梨，唯有许衡独坐树下，旁人问原因，"曰'非其有而取之，不可也'"，旁人答"此梨无主"，许衡说："梨无主，吾心独无主乎？"

许衡认为为学之道不应局限于诵书作文上，而是要将研习经典所获得的真知付诸行动，自己的行为在达不到"六经"等著作中所要求的，就当勉励自己。如果自己的行为与《论语》《孟子》等著作中所要求的行为不符合，就一定要改掉。"精微义理入于神妙，到致用处，是行得熟，百发百中。"躬行践履就要用尽全力身体力行，不能半途而废；如若不然，虽然取得了真知，但仍然不能领悟圣人之道。"力行七年而后成，自此言行一致，表里相应，遇事坦然，常有余裕。"许衡通过自己亲身经历说明笃行对知是可以有所促进的，他笃行七年最终达到真知与笃行的统一。"世间只有两事，知与行而已。诲之使知，劳之使行。"

许衡长期担任国子祭酒，主持教育工作，承宣教化，不遗余力。以"乐育英才，面教胄子"为宗旨，故其门下不仅有大批汉族学生，还有不少蒙古族弟子。他施教的原则是"因觉以明善，因明以开蔽"，即循循善诱，潜移默化。1271年，奉元世祖之命，负责培养一批蒙古贵族子弟，在他的辛勤教育下，这些原本不懂汉文的青年也都成为"尊师敬业"的优秀儒生。其中有不少人，后来"致位卿相，为一代名臣"。

（二）金履祥

夫圣贤先觉之人，知而能之，知行合一。后觉所以效之者，必自其所为而效之。

——《论语集注考证》

金履祥是元代朱子后学中最为出众的学者之一。

金履祥（1232—1303），字吉父，号次农，浙江兰溪人。因家居仁山下，学者称其为仁山先生。何基、王柏、金履祥、许谦四先生形成的金华朱学，亦称北山学派。"北山四先生"传朱熹弟子黄榦之学，倡明清朱学之端，对元明理学产生重要影响。在"金华四先生"中，他对于经学和史学的研究成绩最著。著作有《尚书注》《论语集注考证》《孟子集注考证》《通鉴前编》《仁山集》等，编有《濂洛风雅》。

金履祥的思想受其师王柏的影响很深。早在其受业之初，遂听从王柏关于为学之方在"立志"、读书之目"自四书始"的告诫，确定了治学方向，并愈来愈显示出"融会四书，贯穿六经"的治学特色。朱熹的《四书集注》，在金履祥之前尚少有人以传统的注疏方式为之疏义。金履祥首先注意到了这个事实，认为是个缺憾，按照"古书有注必有疏"的惯例，开始为《四书集注》作疏。后代不少学者承认金履祥"修补附益，成一家言"，对朱熹理学某些观点有深化和发展。金履祥治学，由博返约，不为性理之空谈，于经史皆有撰述。在社会政治思想方面，他继承了王柏注重现实的精神，不采何基与世隔绝的态度；在学术上，他继承王柏的疑经精神，然而治学较为笃实。

金履祥认为，自古圣贤相传只是一理。天理是万物的共同本原或总根源。天理又散而为具体事物之理。所谓理，固然不排除自然之理，但主要指人伦之理。天理不过是天地之心体现于人心罢了，人欲之中的一线天理之萌，即人心之复。

在当时异族统治、程朱理学定为官学的背景下，金履祥以宋遗民自居，不仕异族，潜心著述，为理学思想的发展作出了自己的贡献。在编选《濂洛风雅》的过程中，他自觉遵从程朱理学的思想传统，坚持理学家的审美要求，带着强烈的宗派意识和民族意识，对诗人、体裁、诗歌进行了严格的筛选。

金履祥虽然自己不仕元，但是其门下许多弟子在元朝做官，大力宣扬程朱理学。而其弟子许谦受邀至金陵讲学，使程朱理学在全国范围内得到广泛传播。

（三）刘　因

诗文字画，今所谓艺，亦当致力，所以华国，所以治物，所以饰身，无不在也。

——《静修先生文集》

刘因是元朝大儒、理学家、诗人。

刘因（1249—1293），字梦吉，号静修，雄州容城（今河北省容城县）人。与许衡一起被后世人认为是"元之所藉以立国者"。少有大志，熟习儒家经典。师从北方名儒砚弥坚，以朱熹为宗，不严守朱熹门户。著有《四书精要》《易系辞说》《静修集》等。

刘因学术思想的形成经历了南北学问路数的融合，具有兼容性的特点。同样，他的学术取向也提倡"全而通"的思维方式。在认识问题时既要"全"，又要"通"。"全"就是全方位、多角度地看待问题；"通"，就是互为通达、相互贯通。二者相辅相成，"全"是"通"的前提，"通"是"全"的体现，只有先达到"全"，才能实现"通"，最终达到"何所不至"的境界。

在史学的认识上，刘因认为"读史要读全史"。"学者必读全史历代，考之废兴之由，邪正之迹，国体国势，制度文物，坦然明白……学者往往全史未见，急于要名，欲以为谈论之资……其所以成就，亦浅浅乎！"

在刘因看来，人之所以存在是因为性、心、气三大材质的统合，"不全"是因为学术、品节、异端所害。要实现"全材"，解决方法就是"全读"圣贤之书，例如"四书"、"六经"、诸子典籍，各个朝代的名家名著。通过对圣贤之道的学习，全面地掌握知识，涵养心性，提升人的修养，学习圣贤之道，达到圣贤的境界。强调要顺天化，尽人道，主张事在人为，不要因为"时运"的变化而放弃自己的努力、无所作为。

长期以来，诗文字画之类的技艺，在古代不受重视，被看作是"雕虫小技，壮夫不为"的东西，所谓"书画辞赋，才之小者，匡国理政，未有其能"，而书画又只能算是"诗文之余"。自宋儒针对文艺创作提出"作文害道"理论以来，诗文书画就被看成妨"道"的玩物丧志之举了。刘因主张道艺并重。这里的"艺"指技艺，诗、文、书、画之类都归于艺。刘因不像宋儒重道轻艺，将艺、道分离，认为艺必妨道，表现出重艺的一面。注重儒家的伦理道德，心性和主体的人格修养，是其作为理学家最突出的特征。刘因自己也创作了大量的诗文，对书画艺术也有涉猎，在题跋书画作品中阐发自己的见解。认为绘画诗文一样可以传写圣贤之蕴，可以经天纬地，可以穷乾坤无形之理，能以艺映道。

刘因的题画诗题材丰富，内容深刻，或寄情于山水，或咏怀历史，或阐发理趣，融入了诗人自身深刻的人生体验。在这些题画诗中，一部分体现了他对世事的关心和民生的关怀，从中可看到其儒者情怀。受到所处社会环境的影响，在刘因的一些作品中，隐逸情怀非常明显。

（四）吴　澄

　　读书讲学者，固以为真知实践之地；真知实践者，亦必自读书讲学而入。

——《吴文正集》

　　吴澄是元代杰出理学家、经学家、教育家。

　　吴澄（1249—1333），字幼清，晚字伯清，临川郡崇仁县（今江西省乐安县鳌溪镇咸口村）人。南宋末年，考中乡试。南宋灭亡后，隐居家乡，潜心著述，人称"草庐先生"。1308年出任国子监丞，1321年任翰林学士，1324年作为经筵讲官。与许衡齐名，并称"北许南吴"，以其毕生精力为元朝儒学的传播和发展作出了重要贡献，有《吴文正公全集》传世。

　　吴澄继承了朱熹的理学经学观，一生致力于研治儒家经学，有很多经学方面的著作。但是，与朱熹相比，吴澄似乎更加重视"五经"。"五经"中凝结着中原汉族几千年的优秀传统文化，特别是古代汉族统治者的官僚政治经验。研析"五经"，有利于论证元朝政治伦理秩序的正当性。在编次整理诸经的同时，对其内容以义理加以疏解。与两宋理学家治经一样，重在发明义理，并不着意于名物训诂。他站在理学的立场上疏解"六经"，以阐发理学观点。

吴澄提出内外合一的修养观。既反对专务博览于外而不求得心于内，又反对专本之于内而不求之于外物。认为静与虚为心的属性，静指心不为外物所动的状态，是心之本；虚则相对于外物的实有而言，指心所具有的反映事物的功能和效用。心未接触外物之前是静止不动的；当心与外物接触之后，它反映外物却不留痕迹，所以又是虚的。静与虚又可以用敬字来概括，敬是为了存心，通过敬来保持本然之心。

元代理学对宋代理学高谈性理、流于空疏、脱离实际的风气予以改观，为理学注入了务实思想。作为汉族学者的吴澄，在蒙古游牧民族统治汉民族、传统中华文化面临危机的情况下，以继承道统为己任，意欲保持中华正统文化。他以儒家的理学来解决时代课题，确立元代的社会秩序。

吴澄在学术上既服膺程朱理学，也兼取陆九渊心学，更默契邵雍的象数学。他实际是在朱熹理学的基础上兼综多家，确立一个更合理的理学架构，以适应时代的需要。

（五）许　谦

盖心本虚灵静一，能明天下之理者也，足以应天下之事者亦此也。

——《读四书丛说》

许谦是元朝著名的教育家、理学家。

许谦（1270—1337），字益之，自号白云山人，学者称白云先生。东阳（今浙江金华）人。幼孤力学，曾受业于金履祥，后专事讲学，地方官屡欲荐举，皆固辞不受。师承金履祥，刻苦勤奋，不数年尽得其传。谦不胶古，不流俗，素志恬淡，以道自乐。学识渊博，举凡天文、地理、典章制度、食货、刑法、文学、音韵、医经、术数以及释、老，无不通晓。为人师表40年，著《白云集》《观史治忽几微》等。

许谦提出了"学为圣人"的教育目标。认为圣人在人伦、礼仪等道德方面能做到尽善尽美，"不过尽人伦之至而已"。"人伦之至"是指为人处世方面恪守中庸之道，事情的取舍都依礼仪而行。圣人还具有智慧和才能。在圣人的道德、智慧、事功三者中，许谦尤其强调道德，其次是智慧，最后是事功。与前人相比，他的圣人观点具有较为浓厚的人间烟火气息。

许谦主张道德修养要立志，知识学习也需如此。许谦把立志作为修身和学习知识的基础，认为"学者当顺逊其志""有志山可移"，强调立志对学习的激励作用。求学之人有了明确而坚定的学习目标，往往能产生顽强的学习毅力，做到坚持不懈。立志能使人们斗志昂扬，但也要警惕自卑荒弃志气。"惟为学之功，无间断耳"，学习要坚持，不可懈怠和止步不前，"学道如登途，进进不可止"。"青春且努力，白日不足恃"，要珍惜并利用大好光阴，努力学习。

许谦认为教育可以使人明辨是非善恶，恢复人本固有的善。普通人生而无知，要想摆脱出生时愚昧无知的原始状态，就要通过学习获得知识。不同的人秉承不同的"气质之性"，于是就形成善恶、清浊、昏明等不同的气质。要想摆脱卑污，恢复人固有的善性，就要改变自身浊偏的气质、消弭物欲。为学之后，通过不断学习与修养，欲望就能遵循天理，受到克制，浑浊之气也会变清变纯。气质日益趋于美善的过程，实际上就是主体积累德行的过程。

许谦既重视学习，也重视践行，主张学行结合。他说："古人教人只就事上教，不似今日悬空说。就事上教，故着实而德易成。若悬空说得千言万语，至临事时竟做不去。小学洒扫应对，事也。大学正心、修身之类，亦事也。大小事皆有至理存焉，只随事穷理。"许谦吸取各家之长，用自身的理学思想指导教育教学，注重实用而不被科举所束。"要当推所学，利泽均斯民。"学生运用其所学去治国安民、服务他人、造福社会，也实现了个人的价值。元朝统治者非常重视实用，社会上也形成崇尚真才实学的风尚。这些都促使熟知医药、天文等实用知识的许谦更加看重人的实际才能，在教育中强调要培养出经世致用的人才。

三、明代实学思想家

（一）薛　瑄

人于"实"之一字，当念念不忘，随事随处省察于言动、居处、应事、接物之间，必使一念一事皆出于实，斯有进德之地。

——《读书录》

薛瑄是明代著名的理学家、文学家。

薛瑄（1389—1464），字德温，号敬轩，山西河津人。理学中兴的代表人物，河东学派的创始人，世称"薛河东"。官至通议大夫、礼部左侍郎兼翰林院学士。逝后赐资善大夫、礼部尚书，谥号文清，故后世称其为"薛文清"。1571 年，从祀孔庙。其著作主要有《读书录》《读书续录》《理学粹言》等，今人编有《薛瑄全集》。

薛瑄 17 岁时便"慨然以求道为志"，在思想和行动中，他以古之圣贤提出的要求来规范和反思自己，如果发现自己的行为和思想有偏差，竟然会辗转反侧，夜不能寐。可以说，从一开始，他就是一个具有极强道德自律与道德自觉的人。

薛瑄在北方开创了"河东之学"，其学派的思想特点是"笃实践履之学""不为空谈",讲求务实,反对理学末流的陈腐与空疏,坚持求实理、务实用的学风,是明代实学社会思潮的理论先驱。后世学者称薛瑄为"实践之儒",称河东之学为"笃实践履之学"。圣贤之书,字字句句都有实际用处,只有将这些实际用处发挥出来,才能说是实现了学问的价值。若仅仅停留在口头讲说和书面文字上,不能说是学到了圣贤思想精髓。

薛瑄提出了"理在气中,以气为本"的新观点。"理只在气中,决不可分先后。""理与气一时俱有,不可分先后;若无气,理定无止泊处。"同时,明确指出"理气决是二物"的说法是错误的,他说:"理与气无间亦无息。""理气浑然而无间,若截理气为二则非矣。"坚持气是构成宇宙万事万物最原始的物质本体的观点,"天地间只一气","天地万物皆气聚而成形"。

薛瑄倡导求实理、务实用的实学思想和学风。"人于'实'之一字,当念念不忘,随时随处省察于言行居处应事接物之间,心使一念一事皆出于实,斯有进德之地。""为学不在多言,亦顾务行如何耳!"在强调行的重要性的同时,肯定了知对行的指导作用:"知理而行者,如白昼观路分明而行,自无差错;不知理而行者,如昏夜无所见而冥行,虽或偶有与路适合者,终未免有差也。"

天顺八年(1464 年)六月十五日,薛瑄忽觉身体不适,遂将所写文稿做了一番整理,之后伏案写诗道:"土炕羊褥纸屏风,睡觉东窗日影红。七十六年无一事,此心唯觉性天通。""河东之学"门徒遍及山西、河南、关陇一带,蔚为大宗。其学传至明中期,又形成以吕大钧兄弟为主的"关中之学",其势"几与阳明中分"。清人视薛学为朱学传宗,称之为"明初理学之冠"，"开明代道学之基"。高攀龙认为，有明一代，学脉有二：一是南方的阳明之学，一是北方的薛瑄朱学。可见其影响之大。

（二）罗 钦 顺

盖通天地，亘古今，无非一气而已。

——《困知记》

罗钦顺是明中叶著名的气论思想家，气学的代表人物之一。

罗钦顺（1465—1547），字允升，号整庵，江西泰和人。因触犯宦官刘瑾，被削职为民。刘瑾被诛杀后，又返朝为官。63岁时告老还乡，居家 20 余年，专心研究，著作有《困知记》等。

罗钦顺认为气是天地万物的根本，自然界的各种变化，万物的生长规律，万民的生活准则，人事的成败得失，都是气运行的结果。气是运动的，往来、升降、阖辟等都是气的运动形态。理就是气之理，"理气为一物"。气的有秩序运转即所谓"理"，不能把理看成是主宰气的理（理在气上）。他从自然的层面、社会的层面和人伦的层面把"理"还原回归到万事万物之中、人伦日用之中以及人性的知、情、欲之中。相对于程朱理学之"虚"而言，罗钦顺使"理"有了"实"的基础。

罗钦顺主张人物一理，人为万物中的一物，故万物之理皆备于我。人心作为虚灵的本体，本无"不该"。由于我之私、物之蔽，而明于近、暗于远，故需要通过格物，开其蔽、去其私，使心体通明、内外一贯。以存心为始，以尽心、穷理为极。人和天地万物都同出于一个本体。人和物形成以后，则是千差万别、万殊不一的，人有人的性，物有物的性。这就是"理一分殊"的道理。

在心学兴盛之际，罗钦顺由衷地感叹过："古人实学今谁讲。"这句话本身也透露出他对实学的向往。他提出政失妖兴、虐政召灾的著名理论以及建立善政的种种主张；在经济上要求宽征裕民和平赋薄赋；在政治上提出了"官德"之说，以加强官员的道德修养；同时重视学校教育，强调学校教化功用。他非常欣赏"安静之吏"，"安静之吏之有益于人家国也审矣"。土更要严格要求自己，提高自己的德行修养。随时省察，平日存养是人生修养中所必需的，而且修身养性是终身的事业，"参养是学者的终身事"。

罗钦顺批评佛学及阳明心学，他通过对程朱理学的革新与修正来维护正统理学。在心学席卷之下，钦顺宛如中流砥柱，依然坚守程朱理学，故被时人目为"宋学中坚"。《困知记》是先传至朝鲜，再由朝鲜传至日本，流传于德川时代，深深影响朝鲜时代与德川时代的朱子学。借由德川时代藤原惺窝、林罗山、贝原益轩三位朱子学者对罗钦顺思想的受容，显示罗钦顺的"理气为一物"也对日本朱子学者产生偌大的影响。

（三）王 阳 明

知之真切笃实处即是行，行之明觉精察处即是知。

——《传习录》

王阳明是明代著名的思想家，心学的集大成者。

王阳明（1472—1529），因曾筑室于会稽山阳明洞，自号阳明子，学者称之为阳明先生，亦称王阳明。浙江绍兴府余姚县（今属宁波余姚市）人，官至总督两广、南京兵部尚书，被封为新建伯。他一生的著作被后人收集编为《王文成公全书》。

据年谱记载，王阳明 37 岁时，困居龙场驿，一日半夜忽然大悟儒学的"格物致知"之旨。在半醒半睡的状态下，似乎有人在耳边告诉他这一旨意。他终于明白：原来圣人之道，我们每个人的本性具足；如果一味向外物求之于此理，当为大误也。这是阳明内圣学的开端，也是他做学问的一个大的转折点。从龙场大悟以后，王阳明所悟的学术宗旨，可以概括为"良知"二字，正如他自我评价的那样："我此良知二字，实千古圣贤相传一点滴骨血也"。良知并非是心的普通能力，它是人心的本然状态："心者身之主也，而心之虚灵明觉，即所谓本然之良知也。"晚年，王阳明曾写信谆谆教导儿子，强调："吾平生讲学，只是'致良知'三字。"

王阳明奋力为普通人打开一扇通往修养堂奥的大门，让我们见证了一个具有实践能力的知识分子，即使身为地方官，在乱世中仍能有所作为的儒者形象。以事功论，阳明一生评定三个"国家级"的乱事，功业彪炳，岂如一般读书人只在书室徒呼救国而已？阳明平乱之后，会在当地立社学、兴书院，用教化与组织（新设与调整地方行政的县、巡检司等）来改变原本落后的社会，这就使得平乱不只停留在军事阶段。化民施教，使民众知礼守法，即深深影响到一地的长治久安，而不求治理的表面成绩——这是之前名将也好、地方官员也好，未能做到的事。

　　黄宗羲在《姚江学案序》中说，"自姚江指点出'良知人人现在，一反观而自得'，便人人有个作圣之路。故无姚江，则古来之学脉绝矣"，这使得中国传统最高的理想"做圣人"，不仅限于读书人，更向大众迈进了一大步，连一般人都可以做到。阳明讲学爱说"愚夫愚妇""匹夫匹妇"，高深的心学寻常男女也可入门，一般平民经过努力也可以成就圣人。这是有理论根据的，就在于要从"良知"的第一念入手而行。基础的判准点在心，而不在外"理"——"理"是圣贤做主，心是我做主；真正的"理"源于"心"，故阳明主张"心即理"。良知心学一开始确实显得明快有力，可以说直截又根本，给长久以来笼罩在迷雾中的心性之学，注入了一种崭新诠释力量。阳明并没有兴趣引领群众运动，但他的良知学，确实在民间引起了巨大的波澜，在社会上所产生的作用远盛于官方的学术。它孕育出了一个特殊的门派：泰州学派。该派人物有盐丁、樵夫、陶匠等，普遍出身于较低下的阶层。这些人对阳明的良知学感兴趣，即便一知半解，却行动很快。阳明本人就说过，"与愚夫愚妇同的，是谓同德；与愚夫愚妇异的，是谓异端"，本意也有把良知推向社会的倾向。"良知说"让所有的人都"重拾"做人的信心，不受地位或知识之所限，只要努力，没人能阻挡你成为圣贤。它为下层民众设想，强调"自我"的革命性作用，是一种平等的含有觉醒意味的心灵活动。

　　王阳明心学不但对明中叶以后的思想家影响巨大，对近现代思想界、学术界及教育界都产生了深远的影响。王学还传播到海外，影响世界文化，成为具有国际影响的学说。特别是与中国一衣带水的邻邦日本，有着历史悠久的"阳明学"发展史。

（四）王 廷 相

讲得一事即行一事，行得一事即知一事，所谓真知矣。

——《王氏家藏集》

王廷相是明代中叶气学的重要代表人物。

王廷相（1474—1544），字子衡，号浚川，世称浚川先生，河南仪封（今兰考）人，祖籍潞州。幼年好为文赋诗。明孝宗时，与李梦阳、何景明等人，提倡古文，反对台阁体，时称"七子"。弘治十五年（1502 年）进士及第，授庶吉士并被选入翰林院，弘治十七年（1504 年）任兵部给事中，后遭宦官刘瑾迫害被贬。正德十二年（1517 年）升四川按察司提学佥事，后任山东提学副使。

王廷相将心、性、情统合为一。在对心的认识上，他说："知觉者心之用，虚灵者心之体，故心无窒塞则随物感通，因事省悟而能觉。是觉者智之原，而思虑察处以合乎道者，智之德也。"王廷相以"体""用"论心，认为心之体是虚灵，心之用是知觉。所谓虚灵与"窒塞"相对为言，"窒塞"表明心中已经藏有成见，影响认识的客观性、准确性，如此，心就不能"随物感通"，"人心中不着一物，则虚明，则静定；有物，则逐于物而心扰矣"。为求得对外物之实情的认识，心必须保持虚灵、虚静、虚明的状态。心是思维器官，思维器官的机能作用为"神"，即意识，是"在内之灵"。心是一个思维活动的场所，"神者知识之本"，心的这种思维意识活动是产生知识的根本，没有心进行思维活动，知识就无从获得。

所谓"静"，是指"静而存养之功"，认为凡是不合于社会道德的"不义之念"，最好是"存养在未有思虑之前"。先以义理养其心，使心"虚而无物"，"明而有觉"，诚能如是，"则中虚而一物不存"，即"可以立廓然大公之体矣"。所谓"动"是指"动而省察之功"，认为凡是不义之言行，最好是"省察在事机方萌之际"。"以礼乐养其体，声音养耳，彩色养目，舞蹈养血脉，威仪养动作是也"，使人"克去己私"，"非礼勿视，非礼勿听，非礼勿言，非礼勿动"，诚能如是，则"己克而一私不行，可以妙物来顺应之用矣"。学者只有把静（存养）和动（省察）两种修养方法"并体而躬行之"，才可以逐步达到"无欲"的圣人境界。这就是王廷相所说的"动静交相养"的工夫。

王廷相指出："古人之学，先以义理养其心。"强调穷理对于治养心性的重要性，是不可缺少的。另一方面，他又主张涵养的优先地位。为学如果不先治心养性，决无入处。人之性情苟不合道，则百行就皆失中庸之度。在王廷相看来，在"立敬存诚，以持其志"的前提下，还必须讲习修治之实学。只有把治养心性与应事明道二者结合，才可谓之学问。

王廷相不仅积极倡导为有用之学，而且以经世致用作为自己为学的目的。他在从政中，不论政治、经济，皆讲求实效，力戒空谈，是个实干家。因此，他的一些政治、经济方面的主张大都切中时弊，卓有成效。

（五）吕　　柟

志在荣身者，未必能荣其身；志在荣名者，未必能荣其名。
故君子以正心为本，务实为要。

——《泾野子内篇》

吕柟是明代中期理学家和教育家。

吕柟（1479—1542），原字大栋，后改字仲木，自号泾野。
西安府高陵（今陕西高陵）人。弘治十四年（1501 年）举乡
贡，就学国子监，正德三年（1508 年）以状元授翰林修撰。官
至南京礼部右侍郎，署吏部事。辞官回乡，聚徒讲学。著有
《四书因问》《周易说翼》《尚书说要》《春秋说志》《礼问内外
篇》等。《泾野子内篇》是吕柟讲学语录汇编。

吕柟是张载之后在明代中期集关学大成的重要学者。在阳
明心学已崛起东南之时，他仍恪守程朱，融通关、闽，既重视
朱子的格物穷理，又坚持张载的躬行践履，而"其践履最为笃
实"，讲学时与阳明"中分其盛"。然其经学亦有鲜明的时代特
征，即重义理而不重训诂。其注重"证诸躬行，见诸实事"的
"开示"方式，则更能体现其经学阐释之个性特征。在心学盛
行的情况下，吕柟对传统经学的坚守，仍不失为一位有特色的
经学家。

他提出治经的关键是既要"求之于心"，即不受权力、功
利等世俗观念的影响，而能独立思考，尽力阐发自己对经义的
理解；又要"放之于行"，即要使对经义的理解与个人的修身

践履、生活实践相结合，不可空谈，要通过自己的身心体验，去真切地把握经的内在意蕴，而不必拘泥于具体事件："君子习文不如习行，习行不如习心，习心以忠信，而文行在其中矣。"当时的社会中出现了一类"曲学"者，"曲学"就是言行不符之人。他们有的是徇君相之欲，有的是标榜名声。吕柟认为，言行相符是作为一个人最基本的要求，"为士有体，言行相符而已矣"。强调"行处便是言"，不能仅停留在言语理论的层面，应该用行动来"说话"，读书学习之后将圣贤思想内化到自身才是最终目的，而内化于己的方法便是躬行，切实践行道义。

吕柟之学"以穷理实践为主"，是"从下学做起"、从日常人伦的"实处做来"的"实学"。明代著名理学家王廷相以至交和同僚的身份盛赞吕柟，认为："其学之造诣，通极天人；言论风旨，希夷莹澈；时而群疑方构、机宜未审，乃能据经体圣、检括参合，独断内凝、与道无爽，所谓出入经术、动中几会是矣，不亦古人之实学乎！"

吕柟在官 30 多年，为人正直廉洁，做官敢于直言进谏，生活俭朴。谪于解州后，抚恤孤独，减少丁役，发展农桑，兴修水利，修筑堤坝，保护盐池，深得人民拥护，威望很高。64 岁去世时，嘉靖皇帝特为他停朝一天，以志哀悼，"赐祭祀"并厚葬。"高陵人为罢市者三日，解梁及四方学者闻之，皆设位，持心丧"，其葬礼很隆重。

（六）王　艮

人心本自乐，自将私欲缚。私欲一萌时，良知还自觉。一觉便消除，人心依旧乐。

——《王心斋全集》

王艮是中国历史上为数不多的出身于手工业者的思想家、教育家。

王艮（1483—1541），初名为银，后更名为艮，字汝止，号心斋，学者称心斋先生，泰州安丰场（今江苏东台市）人，王阳明弟子之一，泰州学派创始人。出身于盐丁、商贩，代表作有《乐学歌》《王道论》《天理良知说》等。

王艮亲身体验到手工业者、农民生活的艰辛、身份的低贱，曾经"梦天堕压身，万人奔号求救"，就是一种生活的折射。为此，他特别向往那种鸢飞鱼跃的自由自在的生活。对于破坏这种生活的行径，即使是他的父亲，他也予以讥讽。38岁时，经过反复论争，遂心服，崇奉心学，拜倒在王阳明的门下。他曾两次到山东曲阜拜谒孔庙，萌发了"成圣"的理想。

1529年，王艮定居于安丰场，自立门户开始讲学，从而开启了泰州学派。一方面王艮承继王学传统，另一方面熔铸新说，形成了自己的学术特色和学术风格。所谓"淮南格物"，是因王艮家住淮河以南的泰州（一说泰州在宋代属淮南路），所以把他的"格物论"称之为"淮南格物"。其中的"物"，不是"事"，不是"理"，也不是"心"，而是指身、家、国、天下；"格"具有规矩、标准的意思，就是《大学》中讲的"絜矩"之道。

在王艮看来，既然"良知"是"体用一源"的，那么，就应当把"良知"从理论上"一以贯之"到实践中去，把人的"天理良知"发展为人的"日用良知"，说明人的饮食男女之类的"家常事"，就是"良知"的体现，即"百姓日用条理处，即是圣人条理处"。他要求人们在日常生活中把内心所固有的"天理"发挥出来。"日用"的主体是处于下层的劳动群众，"愚夫愚妇"。在日常生活中，"即事是道"。

王艮还倡导"保身"。有"保身"意识的人，必然会很珍惜和关爱自己，同样也希望别人珍惜和关爱自己。"能爱身"才会不希望别人伤害自己，将对自身的这种爱"推己及人"，就能够"爱人"。当人人都这样想的时候，自然会互相关爱、不伤害对方，所以"吾身保矣"。当人人得保时，自然一国得保、天下得保。

（七）吴 廷 翰

天地之初，一气而已矣，非有所谓道者别为一物，以并出乎其间也。

——《吉斋漫录》

吴廷翰是明代气学流派的著名人物。

吴廷翰（1491—1559），字崧伯，号苏原，明南直隶无为州（今安徽省无为市）人。历任兵部主事、户部主事，至吏部文选司郎中。为官20余年，疾恶如仇，廉洁为民，不阿权贵。著有

《吉斋漫录》等。

吴廷翰经学思想的最大特点是以《易》为宗，以孔子之言为准，提出"气即道，道即气"，道气一体，气"为天地万物之祖"。从气一元论的观点出发，提出"性即是气"的人性论。"气"作为人和天地万物产生的本体，人由气生，而后才有人性，讲人性不能离开气。性既包括仁义礼智等儒家伦理，又含人的物质欲望，性是仁义与人欲的统一。

关于心性之学，吴廷翰说："性者，生于心而根于心者也。人之初生，得气以为生之之本，纯粹精一，其名曰性，性为之本，而外焉者形，内焉者心，皆从此生。是形与心皆以性生。"他以"心者，气之灵"和"心者，性之所生"的观点，对当时的各种心性论提出了批评。

吴廷翰提出"性无内外"的观点。他说："道无内外，故性亦无内外。言性者专内而遗外，皆不达一本者也。……以性本天理而无人欲，是性为外矣。何也？以为人欲交于物而生于外也。然而内本无欲，物安从而交，又安从而生乎？"道不分内外，所以人性也不能分内外，强调性有内外，将人性分为天理人欲之别都是不正确的。"人心道心，性亦无二。人心人欲，人欲之本，即是天理，则人心亦道心也；道心天理，天理之中，即是人欲，则道心亦人心也。"天理人欲、人心道心都是统一且不可分的，所以说善恶皆为人性。

吴廷翰还提出"物上见理"的观点。"致知者——都于物上见得理，才方是实。"又说"格物须物上见得此理"，致知其实就是认识物上之理，格物就是要有具体的"物"，"物"上得到的才是"理"。另外，吴廷翰还认为"德性之知，必实以闻见，乃为真知"，而且，真知还须"验之于物而得之于心"。

吴廷翰做官多年，从不阿附权贵，敢于直指上级之弊，哪怕贬官异地也坚持原则，这在当时是非常难能可贵的。《无为州志》中举吴廷翰奉命采端砚而不取一砚，以此说明他在为官期间，严拒请托和贿赂。吴廷翰的思想在他死后100多年的日本得到了发扬和传承。当然，他的思想在日本得到古学派创始人伊藤仁斋的青睐，归根到底还是为了反朱子之学才得以被重视的。

（八）高 拱

言必责实，则捷给为佞者不可饰言也；行必责实，则僄利任求者不可饰行也。

——《程士集》

高拱是明代后期的改革家、政治家。

高拱（1512—1578），字肃卿，号中玄，河南新郑人。明朝中期内阁首辅。任侍讲学士，拜文渊阁大学士，后升任内阁首辅。面对明王朝内外交困的情况，他的改革取得了突出成绩。著作有《高文襄公集》。

高拱强调为国家理财即是行义，反之，"徒以不言利为高"的那班好名腐儒，却是"以名为利者"，不顾国家大利，求取个人私利，这才是真正的不义。生财是"圣贤有用之学"，"理财，王政之要务也"。

高拱强调重商恤商，提高商人地位。在重农思想基础上，看到农商之间的根本关系。商业自古以来就是互通有无的一个行业。如果农业取得了大丰收，但是没有商人这个中介将农产品投放到市场中，那么农民就不会获得利益，丰年便与灾年无异；如果适逢灾年，农民的收成仅够自己用，根本没有多余的卖给商人，农民的灾年同样也是商人的灾年。这样看来，农业和商业之间的关系是相互依存的，发展工商业的同时也可以进一步带动农业的发展。推行厚农资商政策，调动商人进行商业活动的积极性，对当时商品经济的发展起到了很大作用。

高拱主张整顿钱法，建立健全的用钱之法。因为货币是商品流通中所必不可少的，但是当时社会上存在有多种钱币，新钱、旧钱、私铸之钱使用混乱，给商品买卖造成了诸多不便。掌握了铸币之权，规范钱法，使南北之钱流通顺畅，稳定物价，公平买卖。

高拱还主张大力推行"一条鞭"法，支持丈田均粮运动，极力维护变法官员。新的赋役法，提高了农民生产的积极性，促进了荒田的开垦和农业生产的回升。明代的"一条鞭"法，是中国传统赋役制度史上又一次重要变革，结束了自唐以来推行了数百年的两税法，下开清代摊丁入亩税制的先河。

高拱认为"兵乃专门之学"，主张建立由兵部司属—兵备—巡抚—总督的军官选官体制，既避免了边官用之乏人，又可以增强边官的进取之心，更重要的是它极大避免了明中期兵部选官中的拆东墙补西墙和不懂兵事者充补的弊端。

高拱"慨然以天下为己任"，刷新吏治，整饬言路，振兴学政，力革官吏颓废之习，大大提高了行政效率，激活了行政机制，凡此种种，将改革推进到社会的方方面面，且卓有成效。高拱勤政敬业，不囿成规，尽心竭力，以"挽刷颓风，修举务实之政"为施政总纲，为明王朝军备振兴、边防巩固、吏治肃清和社会安定建立了卓越功勋，同时铺开了张居正十年改革的宏伟蓝图。

（九）李　贽

夫童心者，真心也；若以童心为不可，是以真心为不可也；夫童心者，绝假纯真，最初一念之本心也；若夫失却童心，便失却真心；失却真心，便失却真人。

——《童心说》

李贽是明末著名的思想家、文学家，泰州学派的一代宗师。

李贽（1527—1602），字宏甫，号卓吾，福建泉州人。在麻城讲学时，从者数千人。晚年往来南北两京等地，被诬下狱，自刎死。他批判重农抑商，扬商贾功绩，倡导功利价值，著有《焚书》《续焚书》《藏书》等。

"童心说"是李贽思想的精髓和核心。童心即为真心，失童心即是失真人。人随着年龄的增长童心也会逐渐丧失，主要原因是外部闻见、道理的侵入。童心指的是不受"闻见道理"污染的生理自然之心，以及由此产生的各种情绪。只要不是自然产生的意念，那么它就不是童心。真心，是纯自然之性的空，是人之初的自然之性。从"童心说"出发，他提出了"人人各具首出庶物之资"和"是非无定论无定质"等结论。只要不违背"童心"，那么人的各种思想和行为都是合理的。

李贽认为情爱是自然界生生不息的根因，是万物充满生机和活力的原动力。倘若没有了情爱，自然界的一切良辰美景都将不复存在。他说："极而言之，天地一夫妇也，是故有天地而后有万物。"人的生命存在的最基本欲望和要求就是穿衣吃饭，在人类生存的最基本的社会活动中，蕴含了人世间的一切人伦物理。他说："穿衣吃饭即是人伦物理，除却穿衣吃饭，无伦物矣。"

李贽坚持"道不虚谈，学务实效"的原则，主张"行不离知""知不离行""知行相须"的知行观，提倡"实学、实行、实说"，主张以社会功利作为检验真理的标准。要实现社会功利，就必须摆脱纲常名教之累，特别是在"不忍无辜之民日遭涂炭"的问题上，更不能受纲常名教的束缚。李贽对儒者重文轻武特别反感，认为重文轻武是导致"千万世之儒，皆为妇人"的根本原因，这些儒者根本无力承担起保家卫国的重任。

李贽犀利地指出，统治者不受制约的权力导致了"今之从政者，只是一个无耻"的制度性腐败。专制的本质是"诱你作他奴才"的制度，只需要奴才而不需要人才，以小贤役人，而以大贤役于人，"其势必至驱天下大力大贤而尽纳之水浒矣"。因此，专制制度乃是社会动乱的总根源，是造成民族危机和社会经济、政治危机的总根源。

李贽是中国 16 世纪伟大早期启蒙思想家。他富有自由精神的思想和新兴锐气的言论，对于晚清思想解放运动、五四新文化运动产生了深刻影响。

（十）吕　坤

吾人讲学，须知所学何事。盖儒者教门，以天下国家为一身。其格致诚正也，欲端一身以为国家天下。

——《去伪斋文集》

吕坤是明末文学家、思想家。

吕坤（1536—1618），字叔简，一字心吾、新吾，自号抱独居士，明代归德府宁陵（今河南商丘宁陵）人。主要作品有《实政录》《夜气铭》《招良心诗》等，内容涉及政治、经济、刑法、军事、水利、教育、音韵、医学等各个方面，收集整理在当今的《吕坤全集》中。

吕坤认为，元气是天地万物之本根，"太朴，天地之命脉也"，"太乙者，天地之神也"，太朴、太乙、大一，即是元气。中和之气，是阴阳二气的表现形式，只是其气调和最为适中，最为平稳罢了。吕坤把中和之气看作是最高级的一种精粹之气。人、物皆禀气而生，人禀此中和之气，则成圣成贤；物禀此气，则成麟成凤。心是个容器，理和气都是心所贮藏的"物"。理贮藏在人的心中，构成人的义理之性；气贮藏在人的心中，构成人的气质之性。自然义理之性与气质之性亦是统一而不可分离的："道心不是先，人心不是后；道心不是内，人心不是外。"

吕坤哲学思想的主流是经世致用，倡导"实心实政"。他批评当时的士大夫"矻矻终日，诵读惓惓，只为身家"，"把圣贤垂世立教之意，辜负尽了"。其所谓"圣贤垂世立教之意"，即内圣与外王相统一的理学精神。"人生七尺之躯，皆有安天下万物的性分，皆有使天下万物各得其所的责任，皆有能使天下万物各得其所的本事"，"宇宙之内，一民一物痛痒，皆与吾身相干。故其相养相安料理，皆是吾人本分"。强调实政事功。认为作为一个儒者，除留心圣贤之学，讲求治心养性之外，应时时留心，处处在意，这是儒者的"经济学术，治平手段"。不仅如此，儒者还应"非常道不由，非日用不谈，非实物不求，非切民生国计不讲"。他斥责那些只讲修身而不重事功者是"腐儒""空谈"，因为他们不能把内在的德行发挥为改造社会的事业。

吕坤居官期间，对当时官场上"打成一片牢不可破之熟套""不念民生，奔走世态"的腐败现象深恶痛绝，主张"以伊尹之志为己任，以社稷苍生为己责"，做官要为民谋利益。1576 年春，吕坤调任大同知县之日，大雪纷飞，当地群众几千人穿戴整齐，在泥泞的道路上为他送行达三五十里。有人甚至在路途中住一夜，第二天接着相送。有的群众还手攀车辕，跪一圈，以隆重的礼仪欢送他。

吕坤一生所历，正值明代中衰时期。吕坤曾两任知县，对朝野之现状自是耳闻目睹。他欲拯国家于危难，解人民于倒悬，不仅提出了许多淑世主张，而且身体力行。他不畏权贵，治尚严明，以清廉耿直为时人所重，被誉为明季"三大贤"之一。

（十一）顾 宪 成

风声雨声读书声，声声入耳；家事国事天下事，事事关心。

——《东林书院门前对联》

顾宪成是明末著名的思想家、东林党领袖。

顾宪成（1550—1612），字叔时，号泾阳，因创办东林书院而被人尊称"东林先生"。江苏无锡人，在万历八年（1580年）中进士后历任京官，授户部主事。同弟弟顾允成倡议维修东林书院，偕高攀龙等讲学其中，同时宣扬政治主张。发起东林大会，制定《东林会约》。讽议朝政，逐渐聚合成一个在野政治集团"东林党"。著作有《小心斋札记》《泾皋藏稿》《顾端文公遗书》等。

在顾宪成的影响下，东林学派的学者不但也主张入世，而且将学术与朝政结合，影响甚大。东林学派的学者严于律己，将儒家道德作为自己立身处世的标准，视节操重于生命，为了自己的信念，不怕丢官，不屈严刑。这种大丈夫气节，能成为一时之风尚、正气之标杆的，自先秦之后，唯见于明朝。

顾宪成强调"道性善，是说本体；称尧舜，是说工夫"，前半句是对性本善的强调，以表明人人皆有成为圣人的可能与根基；而"称尧舜"，则是"揭示标准，鼓舞响应"，即让人们有一个榜样与目标，通过努力即可在仁义礼智上有所达成，获圣人之境。若只说本体，不通过格物的工夫，便会陷入疏狂，从儒入禅，结果"虚其实"；"格物致知"的手段之所以重要，是因为此乃"古今学术于此分歧"，而只有通过格物致知，才真正能达到至善境地。

顾宪成主张在修养论上修悟并重。从"修""悟"本身来看，"修"是"入门第一义"，乃是"无容缓也"，此时刚刚开始学心，还没有"入门"，因此要高度重视"修"，方可入门。而"悟"是"入室第一义"，学者在修的过程之中进行"融会贯通",才能由"入门"到"入室",学有所成。二者相辅相成,互为一体,因时而用,时不同,则用不同,二者不可偏废。

东林书院重葺之初,只讨论学术问题,而又因为实学的讲学往往会涉及政治与社会问题,是故讲学中政治倾向日渐明显。由于书院实学实议的学风,吸引了许多学者和士人前来讲学求教。初时讲学的有顾宪成、高攀龙、钱一本、薛敷教、安希范、刘元珍、叶茂才、吴桂森、于孔兼等学者,而又因为该学派"清议"有力,得到朝廷正直官员左光斗等人的支持,名声日隆,来学习听讲的读书人之多,连书院都不够地方住下。

(十二) 高 攀 龙

事即是学,学即是事。无事外之学、学外之事也。

——《东林论学语》

高攀龙是明末影响深远的东林学派的创始人之一。

高攀龙(1562—1626),初字云从,后字存之,号景逸,无锡人。举进士,授行人司行人,曾任都察院左都御史等职。与顾宪成修复东林书院,讲学其中近30年。魏忠贤下令逮捕罢官家居的东林七君子,高攀龙闻缇骑将至,投湖自尽。所遗著作由弟子陈龙正编为《高子遗书》。

高攀龙接受了张载的思想,以气为天地间唯一实体。气有两个最根本的属性,即虚灵和条理。气之虚灵表现为人心,气之条理表现为人性。但张载多讲气的条理,不讲气的虚灵,高攀龙以气为虚灵,这是吸取了心学特别是王阳明的思想。他说:"气之精灵为心，心之充塞为气，非有二也。"

高攀龙以悟本体为工夫。知本者，知修身为本；格物者，修身之实功。故高攀龙非常重视实修。他主张"浑身是心"，"六合皆心"，即心即物，多从悟中体验而来。其工夫特点是悟修并重，行解双至。若要性地通透，悟字最为重要。悟上不透，工夫都无着落。强调修，是针对少数高朗明快颖悟特达之人而发；强调悟，是针对绝大多数循规蹈矩的儒者而发。

高攀龙深刻地分析了工夫与本体相分离的原因，并意识到两者之间的深层统一性："无本体无工夫，无工夫无本体也"，"以本体为工夫，以工夫为本体。不识本体，皆差工夫也；不做工夫，皆假本体也"，"有这真本体，方有真工夫"。显然，高攀龙更强调本体与工夫的统一性，"本体工夫一齐俱到"，"本体工夫兼至"，这是在总结了程朱及王学两大派末流之弊提出的。"不患本体不明，惟患工夫不密。"

高攀龙之学自朱熹"入道之要莫如敬"一语入手，平生敬谨勤悟，精进不已，学问境界不断攀升。年五十悟《中庸》之旨，这是他的功夫境界的最后归着点。他从《中庸》所悟者是道的形式方面：停停当当，平平常常。所谓"本体"，所谓功夫，皆此八字。从敬畏入手，经由数次"悟"的体验，逐渐由敬畏而至洒落，由人力强持守到顺乎自然，达到渣滓浑化、气质精醇。

他指出《大学》之道的根本就在于"治国平天下"。把《大学》格物致知的认识论、正心诚意的道德修养论和治国平天下的政治原理紧密地结合起来，将治国平天下看作是格物致知和个人道德修养的必然结果。提出了"学问通不得百姓日用便不是学问"的观点。

以高攀龙为代表的东林学派用真切的实践来诠释倡导之学问，以身立教，这种高绝超拔的气节具有很大的影响力。在各地广建同善会，将性善之说落实到百姓日常生活之中。面临阉祸，从容就义，轻盈潇洒，更见学力之深沉。

（十三）刘 宗 周

独之外，别无本体；慎独之外，别无功夫。此所以为中庸之道也。

——《明儒学案》

刘宗周是明末著名思想家，蕺山学派的开创者。

刘宗周（1578—1645），字起东，号念台，浙江山阴（今浙江绍兴）人。进士，授行人司行人，历官礼部主事、左都御史等职。因讲学山阴县城北之蕺山，学者称其为蕺山先生。刘宗周因弹劾魏忠贤、温体仁等三次被革职为民。清兵南下，破南京，陷杭州，在抵抗大势已去的形势下，绝食殉国。著有《圣学宗要》《人谱》等，后人编为《刘子全书》等。

刘宗周认为"圣学之要，只在慎独"，"慎独之学，即中和即位育，此千圣学脉也"。从"他律"上升到"自律"，才是道德修养最重要的目的和要求。一个有道德的人，要特别注意加强自己"独处"时的道德修养。"独"就是"本心"，慎独就是要"无负本心"，也就是要发扬人的道德主体性。"学以为人，则必证其所以为人，证其所以为人，证其所以为心而矣。"发扬本心，就是要克服一切"七情之动"和"累心之物"，使自己能够达到"人极"这样一种最高的道德境界。

刘宗周将张载的气本论引入自己原有的心本论体系中，从根本上避免了空谈心性的问题。"离形无所谓道，离气无所谓理"，在气的基础上才有理的存在，有气才有理，气为万物本原，"盈天地间一气"，天地万物都统一到气上。无论是从时间上还是空间上，气都无处不在。

刘宗周所谓哲学的理境是透过修养的境界而证实。修养到家，莫不有效验，而最具体的效验，莫过于精神及身体上的变化。宗周曾经梦到自己升官，为此深切反思自己对名利追寻的心理原因。他明白到自己的道德修养距离自我主宰的目标尚远。他认真看待此梦，乃至此梦所反映的荣进念头，表示他对道德修养的深切关注，而他的不快及以之为毒药必须克治的决心，也证明他对成圣之学的担负。

刘宗周认为心与身并不是截然的两层。在儒家的道德修养中，吾人并不是扬弃物质的身体以获取精神的价值。相反，身被视作心的呈现，而透过践形、养形使身心得到和谐。宗周自幼体质瘦弱，后专事静养，病才好转。这种静养工夫对身体有帮助，但显然也是一种精神的修养。尤其是他晚年涵养纯熟，体愈康愉，神气充足，皆静养之功也。

刘宗周对阳明后学进行了修正，但是在他身上或多或少还会留有王学的影子，如黄宗羲曾说："余谓先师之意，即阳明之良知；先师之诚意，即阳明之致良知。"刘宗周的治学较之阳明及其后学更趋于踏实，更注重于"形下践履"，更强调"读书学习"，这也是他所处时代的折射。

四、清代实学思想家

（一）孙奇逢

学问事，此中学人津津讲求，渐有头绪，总之不离"躬行"二字。

——《夏峰先生集》

孙奇逢是明末清初的思想家，世称夏峰先生。

孙奇逢（1584—1675），字启泰，号钟元，河北容城人。晚年讲学于河南辉县夏峰村20余年，从者甚众，世称夏峰先生。明亡，清廷屡召不仕，人称孙征君。与李颙、黄宗羲齐名，时人合称"三大儒"。一生著述颇丰，主要有《理学宗传》《圣学录》等。

孙奇逢用心性实学的观点阐述儒家学说，强调经世致用、躬行实践，"主于实用"。朱、陆入门虽不同，但皆"分儒之统，而得儒之心者也"，又都"以尼山为归宿"。知行合一是见道后，以工夫护养本体的过程，而在未悟本体以前，两者只能为二，毕竟合不得一。"真我"也即"真体"。人人都有做圣人的潜在条件，然"不为则不能证圣"，"一觉悟得，即教做圣人"。

孙奇逢认为心性实修工夫历程有五。其一，复性工夫。首先要认识到性、天理为人自己所固有。其次，要做复性的初步工夫。既然理、性为我所有，那么，心性修养就不能是向外追寻，"理求其在我"，是"自识其心"的内向认识方法。其二，明得本心。"本来灵明"乃天之所以与我者。"如镜生尘，尘非镜面。……拂尘，而镜现其面"。只有经过长期的渐修，才能达到一朝开悟，即明得心性本体，更能体会出天人合一的真实境界："本心能明，则宇宙一家也，元无隔碍。"其三，事上磨练。悟得本体后，还不能达到纯熟的地步，故需省察之功，以至于无分动静而总能使其显现："动静无端，阴阳无始，于无念中而忽起一念，此便是动。当省察此念之从理从欲，理则存，欲则克，此是唯精工夫。到得无欲之可克，理不待存而自无不存，此处是惟一工夫。省察在此，存养在此。"本体磨练纯熟之后，自然可达到如下境界："万物之生，皆自诚中发出"。其四，外王之功。在本体磨练纯熟之后，儒家从未放弃其外王的社会事业，也许只有儒家才把"心体"理解为"合天下国家身心意知物"。实心实学家在论述社会问题时，总还是从"心"出发，"论治体，先须论心体"，"治乱之机，不尽由天，由心造也"。分析世道好坏，他们也总是归结到"心"上，"世界之坏，人心为之也。试观今日之世界，不必问今日之人心；观今日之人心，固应有今日之世界耳"。怎样根治？"正是政之根本，要着民正，须先自正。"其五，返体之功。"兵革百万"，儒家可以出将入相，甚至可以为帝王师，但外在事业究竟是为人群为社会的，还是应该返回本体世界，享受至乐人生。"工夫只在行所无事"，"天然之则，着不得一毫聪明才智"。体用一源，以体摄用，归于静寂之体："心不受物累，动自与天游。"

（二）朱 舜 水

圣贤之学，行之则必至，为之则必成。

——《朱舜水集》

朱舜水是明清之际的思想家和教育家。

朱之瑜（1600—1682），号舜水，浙江余姚人，明末贡生。因在明末和南明曾 12 次奉诏特征未就，人称征君。南明亡后，东渡定居日本，在长崎、江户（今东京）授徒讲学 20 余年，传播儒家思想，很受日本朝野人士推重。今编有《朱舜水集》。

朱舜水的哲学思想以批评宋明理学为主脉，以强调实践为特点。认为"圣贤要道，止在彝伦日用"，有事物即有事物之"道"，并不是超越具体事物悬空有一个"道"。

与王阳明的"良知"不同，朱舜水提出了"学知"。"学知"是"日用之能事""下学之功夫"，指后天的学习和践履，强调后天个人主观的努力，重视实际学习和亲身体验。朱舜水提出"实行"范畴："学问之道，贵在实行。圣贤之学，俱在践履"；"日用躬行即是学""躬行之外无学问"。在人性论上，他主张"性成于习"，强调社会环境和后天努力对人性的决定作用。

朱舜水是 17 世纪一位著名的中日文化交流的使者。德川时代的日本社会有一种风俗，男子以 42 岁为厄，女子以 33 岁为厄。每遇厄岁之年，便择逢厄之男女，受凶免灾。对此陋习，朱舜水以中国的西门豹为河伯娶妇的典故，开导水户侯源光国，最终得以废除了这个陋习。源光国接受了朱舜水的"大同"思想，遂以"尊王一统"义编写了《大日本史》，对明治维新有重要影响。诚如梁启超所云："舜水之学不行于中国，是中国的不幸；然而行于日本，也算是人类之幸了。"

朱舜水是一位忧国忧民的忠贞之士，也是一位学识渊博、识见高远的文化使者。虽然他在日本没有留下专门著述，但是从其与日人的书札问答可以看出，朱舜水不仅毫无保留地将中国的思想介绍给了日本学者，而且对日本的治国方略、学规礼仪、农桑服饰等都提出了自己的具体建议，其中大多被德川幕府采纳。日本学者评价说："明季征君朱之瑜，邻邦所贡之至琛又至宝也。道义则贯心肝，学术则主王业……烛大义，阐王道，使东海之日月有光于千载……其纯忠尊王之精神，滂溥郁屈，潜默酝酿，可二百年，而遂发为志士勤王之倡议，一转王政复古，乃至翼成维新之大业，以致国运今日之蔚兴，我之所以得于之瑜也固大矣！"

（三）陈　确

尚实践，以知过改过为功，以兢兢无负其本心为要。

——《陈确集》

陈确是明末清初著名的思想家。

陈确（1604—1677），初名道永，字非玄，后改名确，字乾初，浙江海宁新仓（今海宁朝阳乡）人，曾受业于江南名儒刘宗周。抱道自守，以明遗民自处，不求仕进，以遁世讲学为己任。主要著作有《大学辨》《瞽言》《葬书》等。今编有《陈确集》。

陈确指出"凡事皆求实，勿徒骛其名"。为学必须是真实无妄，不做假道学。学以求是、求行己、求心安，而不是求取声名令誉，更不是求取财富功名，这就是"求实"精神。在是非面前，决不轻易放弃自己认为正确的观点，也决不因情面而丧失原则。"学道非情面间事，唯是之从而已。"是非无遁情，其互有是非者，亦是不掩非，非不掩是，惟是而从，绝不倚傍门户，是此非彼。学重力行，不重理论思辨；重日用中体验道理，不重静坐冥想工夫。

陈确认为衡量人性善恶的标准，并非先天赋予独立存在着的人性本身，而是人的现实习行事为，人们趋向于善的本然之性只有在实际的习行事为中才能实现。以先天赋予、独立存在的人性本体决定人之善恶，实际上否弃了人的主观努力和现世道德修养践履的意义。既然与生俱来的人的素质、特性与能力等不能保证人之善，那么从严格的意义上说它们就不能算作完整的性，而只是性的萌芽。通过后天的道德实践活动对先天所禀赋的"善性"之萌芽进行培育可以达"善性"。

陈确还指出，所谓"知过改过"并非个人的主观修养，而是以"去私"以至"无私"为前提，是一种具有社会实践功效的行为和活动。因此，陈确的"人性无不善，于扩充尽才后见之"的说法，强调"致知过而力行改过之实功"，的确能起到挽救学不切实之弊的作用，在工夫论上是对前儒论性的发扬和突破。陈确不仅自我砥砺，而且督导后学，办社约，组织学人一起学习讨论，写反省日记、省过录等，相互指明过失，相互提高。

陈确一生为学，正处在学术由明末心学荡越、实证之风兴起，到清初总结宋明理学、倡导经世致用学风转变时期。《大学辨》所提倡考辨经典以光复孔孟、解构宋明理学以尚践行致用开了明清学术转型之先河。

（四）傅　山

以好色之情好德，以修名之法修身，以畏神之觉畏人，以救灾之勇救过。

——《霜红龛集》

傅山是明末清初北方学术界的领军人物，是一位"百科全书式"的学者。

傅山（1607—1684），初名鼎臣，字青主，祖籍山西忻州，成长于山西阳曲（今属山西省太原市）。傅山学识渊博，著述甚富，时人称其"学究天人，道兼仙释"。他兴趣广泛，于经学、先秦子学、诗文、音韵、训诂、考据、史学、佛经道藏、书法绘画、医学医术、兵法武艺等，无不涉猎研习。著作被后人编辑为《霜红龛集》等。

傅山循着老子"无为而无不为"的思路，认为只有"贵身"，爱惜自己的身体，才能以身寄托于天下。"不可不为者，天也"。人的本性是天赋的、天然的，他以自然之道、无为之道为依托，认为要尊重与同情个体生命的觉醒。他说："大人有德有位者，治人者也。小人，百姓也，治于人者也。百姓依护大人为生，故爱大人也，然此就大人能为人依护言耳。其常也，若草芥寇仇，则后世之大人矣，小人焉能爱之！"

傅山看到了"天下者，非一人之天下，天下人之天下也"，天下人同君王是平等的，君王也是"常人"。在批判纲常名教和潜心分析先秦诸子百家学说思想的基础上，提出了"爱众利众"的伦理道德观。认为墨子的"兼相爱"之爱是"爱分"，他自己则是"爱众"，对于所有的人，都不分彼此地"皆爱"。由于人类产生以后，形成群居，只有群居才能战胜自然灾害，创造物质财富，所以必须"爱众"，只有爱众才算爱，如果爱寡不爱众，那不算是爱。

人有本能的欲念，这种产生于自然本性的欲念，在社会物质条件不断发展中，会有不断的追求。而这种人为的无止境的追求，虽然是产生于"心""妄想"之中，但仍是人性与人为的结合。就是说，人的欲念，人对物质条件的追求，只能"自然之近"，顺乎自然的人为渐近，通过人为不断实现。

曲折的人生经历，带给傅山更多深刻的人生思考，也给他的学术人生增添了许多不同寻常的内容。傅山以遗民自况，隐入山林为道士，出入于老庄、丹道和医术之间，这使得他的学术思想在特定的历史背景下增添了一层出世主义的宗教色彩，别具一格。傅山的精神苦闷代表了清初知识分子普遍的失落与彷徨，其一生的曲折经历和思想历程，也深深地打上了时代变迁的烙印。

（五）黄 宗 羲

儒者之学，经天纬地。

——《南雷文定后集》

黄宗羲是明末清初著名思想家，浙东史学派的开创者。

黄宗羲（1610—1695），字太冲，号南雷，别号梨洲，浙江余姚人，与同时代的王夫之、顾炎武并称为"清初三大家"。黄宗羲是中国历史上不多的学识渊博、著作丰富的大学问家之一。他不仅在哲学、历史、政治等人文科学方面造诣很深，而且在天文、历法等领域也颇有建树。著作有《明儒学案》《明夷待访录》等。

黄宗羲对整个宋明理学进行了比较全面的总结。认为从生成论的意义上看，理作为气流行之条理附于气，且统一于气；但从主宰与流行的角度看，理是主宰，气是理的展开和流行。关于性情关系，提出"无情何以觅性"的命题，以强调性情的统一和情对于性的基础意义。赞同"以规矩去画方圆"的心学理路，主张将良知推至事事物物。

为了避免如王畿等对"空寂本体"的"玩弄光景"，黄宗羲还提出了"知以物为体"的命题，将对本体的认知与"吾心之物"联结起来。他提出，"心无本体，工夫所至即其本体"，认为本体不可离却工夫；离却了工夫，本体不可展现亦不可被把握；同时，工夫也离不开本体，离却了本体的工夫会失去宗旨而迷失方向。但此语似宜修正为"心有本体，惟工夫所至，始能促其本体呈现"，才不致令人误解。"道无定体，学贵适用。"强调事功、适用与道的统一，"事功本于仁义，仁义达之事功"，并将事功之用的最终立脚点放在形下仁义上。他把阳明哲学发展为史学化的王学形态，扩大了王学的知识领域，在清初实学思潮中自然是一重大贡献。然"读书不多，无以证斯理之变化"的史学作风，亦限制了他对理学的认识深度。

作为直接参与明末政治斗争和反清复明军事斗争的大儒，黄宗羲努力开拓儒学的社会面向。通过对照"三代"前后的政治，他确立了"天下为主，君为客"的政治原则，探讨了君主的职责、君臣关系、人才培养、学校议政、经济制度和军事制度等——在君主制的前提下，以确立更加合理、完善的社会秩序。

黄宗羲从民本到民主思想的发展，促进了19世纪末维新派要求兴民权、实行君主立宪的政治主张。即使在当代中国，黄宗羲的思想对天下观与法治观、社会公仆观、权力制约观等依然具有现实意义。同时，他的批判求实精神以及力主改革的理论勇气，也体现了中国传统知识分子"士志于道""天下兴亡，匹夫有责"的人文精神和历史使命感。

（六）方 以 智

学必悟而后能变化，悟必藏于学而后能善用。

——《通雅》

方以智是明末清初著名哲学家、科学家。

方以智（1611—1671），字密之，号曼公等，安徽桐城人。

进士，任左中允等职，遭诬劾。清兵入粤后，在梧州出家，法名弘智，发愤著述的同时，秘密组织反清复明活动。后被捕，于押解途中自沉于江西万安惶恐滩殉国。家学渊源，博采众长，主张中西合璧，儒、释、道三教归一。一生著述400余万言，多有散佚，内容广涉文、史、哲、地、医药、物理，著作有《通雅》与《物理小识》。

在西学新潮面前，方以智倾注了极大的关注与热忱。他曾登门拜访意大利传教士毕今梁（即毕方济），向他询问"历算奇器"和天文知识；还曾厚交德国传教士汤若望，同他研讨西方医学和天文知识；还让次子方中通结交波兰传教士穆尼阁，与之游学京师，学习数学等科学知识。据美国耶鲁大学彼德逊教授1975年统计，《物理小识》中从当时传教士传入的书籍中援引的资料，约占百分之五。

方以智提出所谓"均的哲学"，这是针对明末学术思想界发展的偏病而发。所谓"东西"即指对立的两端，"均"是造瓦而使均平的工具，也是调和乐器而使均声的工具（即指均钟木），其目的都在使形或声得到均平与均声，换言之，就是要使不调和的、相对的两端趋于调和的意思。

《通雅》一书是方以智早年从事文字音义考证的总集。从书名上可以看出，他是想借文字的考证（雅）以达到会通古今（通）的目的。他还从哲学理论上提出"藏悟于学"，以证明学问与读书功夫之必不可少。学与悟相反相因、相辅相成，"德性、学问本一也，而专门偏重，自成两路，不到化境自然相訾"。尊德性与道学问不但可以并行不悖，甚至互不可少。

方以智早年便对物理具有浓厚兴趣，"自小即有穷理极物之僻"，"物理无所疑者吾疑之，而必欲深求其故"，不断从事物理研究，纠正不少前人记载的错误。逃禅后虽然主要的学问重心转到易理的探讨上，但仍从理论上主张会通易理与物理。

大道本来平常，无须劳神外求。参禅的目的是要解决生死观问题，此事至难亦至易。要勘破生死大事，脱胎换骨，必须花费很大的气力，经历一个真参实究的切实体验、感悟的过程，其中有许多主客观原因导致的歧路和误区，稍不留意即与道相乖背，是为至难；然只要树立自信，向内返求初心，参究自己的本来面目，则大道本来平常，是为至易。修道贵在"痛切发愤"，恳切地参自己的本来面目，参自己本分禅，此外别无他法。三教虚实合一。历然分别的现象界虽然繁杂，但是都各具一理，不杂不乱，各循其方。唯有穷通万法之理，才能把握寂然无分别的本体；把握寂然无分别的本体，才能统贯历然无分别。

方以智是明末清初一位风格奇特的思想家。他试图把古今中外学问像药材一样，会集一炉，开出各种药方以救治学术思想界的千疾百病，时人称之为"大医王"。唯有苦难的时代才能产生忧患的意识，唯有忧患的意识才能孕育出光辉的思想。

（七）陆 世 仪

学问从致知得者较浅，从力行得者较深，所谓躬行心得也。
——《思辨录辑要前集》

陆世仪是明末清初著名的理学家、文学家，被誉为"江南大儒"。

陆世仪（1611—1672），字道威，晚号桴亭，江苏太仓人。明亡，隐居讲学，与陆陇其并称"二陆"。他一生为学不立门户，志存经世，博及天文、地理、河渠、兵法、井田无所不通。其理学以经世为特色。著有《思辨录》《性善图说》等。

陆世仪主张性命之学，并将其扩充到生活的方方面面，总结出丰富的经世思想，包括经济、军事、封建、农田、水利、学校、天文、地志等。坚持"理先于气"，强调"理在气中"。"气只是阴阳，理只是太极"，气与阴阳、理与太极是等同的。坚持"气质之性本善"，认为性即本性。所谓本性，即物物当然之则，亦即所以然之理，它作为虚灵之物，需要气之承载。既说本性，那么物物皆有本性，性非人所独有。那么如何看出人物之异呢？要辨别人物之异，须从理上看，理之不同才导致万物之异体。陆世仪有一重要观点："理与气在天则为天之命，在人则为人之性。性与命兼理与气而言之者也。"

在因果报应说上，按善恶因果报应律讲，忠孝当福，奸恶当罪，此为理之常。但历史上却有"忠孝而受祸，奸恶而幸免"的事，此为气之变。陆世仪认为，"气有时而胜理，而理必胜气"。"忠孝获福，奸恶获罪"毕竟是常理。虽有"忠孝受殃，奸恶幸免者"，"然事定之后或易世之后，未有不表扬忠孝、追罚奸恶者"。所以陆世仪坚信，常理之中，理胜于气；气变之中，"气有时而胜理，而理必胜气"。经他改造过的果报说，第一，只承认"皆在明中"，即报应只在今生而不在未来；第二，超越了个体的"轮回福缘"，是指社会中正义压倒邪恶的善恶报应。所以他讲的已不是佛教所说的因果报应说，而是儒家的因果报应说。

23岁时，陆世仪发现袁了凡的"功过格"逐日记评自己的言行，极强调主体的"迁善改过"，而且很系统。于是，他以此为修身立体之法。由于这一方法偏重内省静修，两年后陆世仪便以它为"分外"之事而放弃了。强调"敬天为人德之门"。"敬天当自敬吾心始"，"敬其心如敬天，则学无不诚，而天人可一矣"。以敬为本，"考德课业"并进，即学圣贤之学，行圣贤之道，躬行践履，学以致用，在人伦日用中"迁善改过"。

陆世仪在总结前人关于鬼神问题讨论的基础上指出，从古以来，"天地间只有幽明、死生、鬼神六个字，最难理解，最易惑人。凡异端邪教，无不从此处立说，以其无可捉摸，无可对证，所谓乘人之迷也"，强调只有在这"六个字"上论证明白，"正学"才能光大，"邪教惑世"才能克服。"务为实学，使出处皆有裨于世。"所谓神仙，并无什么神秘惊奇，不过是"自了汉"的养身长寿之术。所以，圣贤"自有跻一世于长生之术，岂肯自私自利"。

陆世仪是当时程朱理学派的主要代表人物之一。以陆世仪为代表的"桴亭学派"在江南学术界有较大影响。其重实践、讲适用的教育思想，关注科学技术、平正笃实的治学精神，在今天仍不失为一份珍贵的文化财富。

（八）顾 炎 武

君子之学也，非利己而已也，有明道淑人之心，有拨乱反正之事，知天下之势何以流极而至于此，则思起而有以救之。

——《顾亭林诗文集》

顾炎武是明末清初杰出的思想家、经学家、史地学家和音韵学家。

顾炎武（1613—1682），明朝南直隶苏州府昆山（今江苏省昆山市）千灯镇人，本名绛，字忠清、宁人，亦自署蒋山佣；南都败后，因为仰慕文天祥学生王炎午的为人，改名炎武。因故居旁有亭林湖，学者尊为亭林先生。著作有《日知录》等。

1639 年，27 岁的顾炎武参加科举考试再次落榜，从此他不再"从四方之士征逐为名"，而正式开始从事经世致用的学术研究和著书立说。他开始编撰《肇域志》和《天下郡国利病书》，被认为是一项"坐集千古之智"的工作。

明朝灭亡的真正原因是其内部封建伦理道德的沦丧。在明清时期反理学的浪潮中，顾炎武以高扬经学的大旗为其重要特征，始终以国家治乱之源、生民根本之计为出发点。提出了"理学，经学也"的著名命题。在《天下郡国利病书》中，他详细论列了天文气象、农田水利、采矿、制盐、造船、航海、海战和内陆河流湖泊的水战等各方面的知识。他已经开始研究"船坚炮利"的问题。反对理学家"专用心于内"，但主张发挥"心"的能动作用，去认识事物，去"裁物制事"。

顾炎武痛心"士无实学"，在自然知识、社会知识及工艺知识的基础上建立了"究天人之际"的哲学思想。他还探讨了如何解决士大夫之无耻这一问题，探索道德文明的重建之路，提出了"明体适用""博学于文"及"行己有耻"的思想。

顾炎武认为一切关于自然及社会的知识都是认知的对象。他批评宋明以来的理学、心学，说"今日之清谈，有甚于前代者……以明心见性之空言，代修己治人之实学。……神州荡覆，宗社丘墟"。在其著作《天下郡国利病书》中，他总结了历代"善治水者，固以水为师耳"的经验，说明了只有生活及实践才是人类知识的真正来源。历史的时势是由人造成的，人定能胜天。

顾炎武一生将道德、学问、文章有机融为一体，终身孜孜追求，成为学者的楷模。其一生治学，都以务实致用为依归，以"文须有益于天下"为指导思想，认为大丈夫之所以学习的原因，是为了明白事理，济世救民。他与同时代的方以智、王夫之等不约而同地开启了以经学为求道工具、以匡时济世为立道目的的实学思潮。其品志之高洁，人格之伟岸，即使在今天依然具有经久不衰的精神震撼力量。

（九）王 夫 之

知行相资以为用，惟其各有致功而亦各有其效，故相资以互用，则于其相互，益知其必分矣。

——《礼记章句·中庸衍》

王夫之是明末清初著名思想家，气论思想的集大成者。

王夫之（1619—1692），字而农，号姜斋，衡州府城南王衙坪（今湖南衡阳市雁峰区）人。中国启蒙主义思想的先导者。晚年隐居衡阳石船山附近，著书立说，故世称其为"船山先生"。一生著述甚丰，其中以《读通鉴论》《宋论》为其代表之作，后人辑其著作为《船山全书》。

王夫之发展了张载的气学思想，对"气"范畴给以新的哲学规定。整个宇宙除了"气"，更无他物。"气"只有聚散、往来而没有增减、生灭，所谓有无、虚实等，都是"气"的聚散、往来、屈伸的运动形态。提出"太虚，一实者也"，"充满两间，皆一实之府"等命题。"气"是阴阳变化的实体，理乃是变化过程所呈现出的规律性。理是气之理，气外没有虚托孤立的理。坚持"无其器则无其道""尽器则道在其中"，给传统"道"与"器"范畴以新的解释，认为"形而上"的"道"与"形而下"的"器"是一般（共同本质、普遍规律）和个别（具体事物及其特殊规律）的关系，两者为"统此一物"的两个方面，是不能分离的。他提出"天下惟器而已矣"的命题，肯定宇宙间一切事物都是具体的存在，"道者器之道"，一般只能在个别中存在，只能通过个别而存在，"终无有虚悬孤致之道"。驳斥了"理在事先""道本器末"的观点。

王夫之利用和改造了佛教哲学的"能、所"范畴，强调"所不在内"，"必实有其体"和"能不在外""必实有其用"，二者不容混淆、颠倒。认为"能"和"所"的关系，只能是"因所以发能"，"能必副其所"，从而抓住了认识论的核心问题。批判了沿袭佛教的陆王心学"消所以入能""以能为所"的观点，并揭露了其内在矛盾。

王夫之反对"天命""神道""道统"主宰历史观，主张从历史本身去探索其固有的规律，"只在势之必然处见理"。"势"是历史发展的必然趋势和现实过程，"理"是体现于历史现实过程中的规律性。理势相成，"理""势"不可分，理有顺逆之别，势有可否之分。从"理成势"和"势成理"等多方面去探讨，才能阐明人类史的必然趋势和内在规律。用"理势合一"来规定"天"的内涵。把"天"直接归结为"人之所同然者"，"民心之大同者"，赋予"天"以现实的客观内容，强调必须"畏民""重民"，"即民以见天"，意识到民心向背的巨大历史作用。

王夫之把事物运动变化的原因明确地归结为事物内部的矛盾性，认为"万殊之生，因乎二气"。提出"乾坤并建"，"阴阳不孤行于天地之间"，肯定矛盾的普遍性。任何矛盾都是相反相成的，一方面"必相反而相为仇"，这是排斥关系；另一方面"相反而固会其通"，这是同一关系。这两重关系，不可分割，"合二以一者，就分一为二之所固有"。

王夫之认为，一个人只有先成为豪杰，而后才能成为圣贤。也就是说，只有具有豪杰精神、堪称真豪杰的人才能成为圣贤。圣贤必须是豪杰，没有豪杰精神的人是不能称为圣贤的。豪杰能卓然兴起，有非凡的气概，有独立的人格。庸人拖沓委顺，随顺流俗，谄媚权势，唯知跟风走，而豪杰则能自拔于流俗之中，卓然独立。

王夫之的思想对后世产生过很大影响。谭嗣同对王夫之作了高度评价，说"万物招苏天地曙，要凭南岳一声雷"，认为他是五百年来真正通天人之故者。王夫之的一生虽然是不幸的、充满悲剧色彩的，但是他并没有消沉，没有在痛苦中顾影自怜或怨天尤人。相反，他超越了"小我"的得失，浴心寻思，在理论创建的实践中自觉担当起了华夏文明的薪火传人。

（十）李 颙

穷理致知，反之于内，则识心悟性；实修实证，达之于外，则开物成务，康济群生，夫是之谓明体适用。

——《二曲集》

李颙是清初著名心性实学家。

李颙（1627—1705），字中孚，陕西盩厔（今周至）人。取"山曲曰盩，水曲曰厔"二语，自署曰"二曲土室病夫"，学者称为二曲先生。家贫，借书苦学，遍读经史诸子以及释道之书。曾讲学江南，门徒甚众，后主讲关中书院。与孙奇逢、黄宗羲并称"三大儒"。清廷屡以博学鸿词征召，以绝食坚拒得免。所著有《四书反身录》《二曲集》等。

受明清之际社会剧烈变动的影响和当时实学思潮的熏陶，李颙的学术倾向更准确地可以说是"实学化的心学"，或者认为他把"心学"实学化了。

本体观是衡量一整套系统思想深度的标准。建立在本体根基上的文化诸部分才有厚土培植和提升的可能。宋明诸儒教人，工夫方面的话说得很多，本体之形态内涵则多语焉不详。二曲不囿一家之说，甚至借诸佛道关于心性本体实境特征的描述，揭穿了宋明理学的秘密。宋明诸儒所标立的"天理""良知""本心""太极""心体""太虚"等基本概念，无不以此本体观念为基本内涵；所不同者，不外由于各家入门路径不同，揭举宗旨及命名各异，才造成名词上和学术思想上的种种歧异。

为了获得本体，二曲还十分强调"实修实证"工夫的重要性。"实修实证"的方法论原则，诚如二曲引程子说的"学也者，使人求于内也。不求于内而求于外，非圣人之学也"。这是人文科学不同于自然科学之所在——自然真理要实证于"自然"，而人文真理则要实证于人类自身才能验证。心性实学要求以心性为本，反观自己，内求诸己，向内觅理。"求于内"相对于"务外"的路线而言，又称"返"或"反"，即"反己体认""鞭辟着里"实践。这一过程是主动的、自觉的、创造性的，所以应"自奋自立""自策自励""自参自求""自反自照"，从而达到"自成自道""自心自见"。如此才是"为己之学""心性之学"，否则即是"杂学""支离之学"。

由工夫的实证实修，呈露形上心性本体之境后，便奠定了内圣的基石，于是做经世宰物的外王事业，复摄于声臭俱无之本体，从而完成全体大用之学——这即是二曲心性实学的系统范畴结构。这一切又被统一到理想的人（完人）之建构中。

李颙一生清贫廉直，顾惜名节。康熙皇帝多次下诏，他以年老体衰有病行动不便为借口拒不受召。康熙深知其望重志坚，亲书"操志高洁"匾额及诗幅赐之以示褒奖。李颙的高风亮节得到海内学者的敬仰，顾炎武赞扬他是学者们仰望的"泰山北斗"。

（十一）吕 留 良

人生品质各异，非过即不及，不能中道，所以有圣人之品节，乃所谓修也。

——《吕晚村先生四书讲义》

吕留良是清初杰出的思想家、诗人和时文评论家。

吕留良（1629—1683），名耐可，字不昧，号晚村等，暮年为僧。浙江崇德县（今浙江省桐乡市崇福镇）人。顺治十年（1653 年）应试为诸生，后隐居不出。康熙间拒应清廷的鸿博之征，后削发为僧。死后，被剖棺戮尸，子孙及门人牵连甚多，罹难之酷烈，为清代文字狱之首。著述多毁，现存《吕晚村先生文集》《东庄诗存》。

1680 年，地方官员以"隐逸"荐举吕留良出山做官，吕留良嗤之以鼻，索性剃发入山，在吴兴（今湖州）的埭溪妙山上结庐而居，命名"风雨庵"。吕留良思想中最突出、最有影响并且因此受祸的思想主张，是他的"夷夏之防"论。这明显是针对由"夷狄"入主"中国"的清王朝。秦汉以后的许多制度都是出于君主"自私自利"的"本心"，后世儒者"议礼"又都只去迎合人主这一点（自私自利）心事："自秦并天下以后，以自私自利之心，行自私自利之政。"废除封建、推行郡县制，建立起大一统的君主制是形势所迫，却并不合理，且成为乱源。

作为一名尊朱反王的理学家，吕留良的"尊朱辟王"思想，就其积极意义而言，其坚守民族气节和坚持士子人格精神与学术批评精神，应当给予充分肯定。他在反思严酷的社会现实时尖锐地指出："今日之所以无人，以士无志也。"因此孜孜努力于知识界正义人格的培养，尤其注意激发人们的民族气节，把民族气节视为"立身之根本""域中第一事"。

吕留良以儒家经典的《春秋》大义——严"夷夏之防"为武器开展反清斗争，在本质上并不只是要恢复明王朝的腐朽统治，而在于反抗野蛮、血腥的民族征服，在于力图捍卫当时比较先进的汉族文明。但吕留良的反清民族主义思想是有历史局限性的。中华民族在融合的历史过程中，免不了会有民族之间的征服、征战与冲突，但更多的是交流与融合，而且往往是大冲突之后的大融合。

（十二）唐 甄

治道贵致其实。

——《潜书》

唐甄是清初的思想家、政论家。

唐甄（1630—1704），初名大陶，字铸万，号圃亭。四川省达县（今四川省达州市通川区蒲家镇）人。与遂宁吕潜、新都费密，合称"清初蜀中三杰"，与王夫之、黄宗羲、顾炎武并称明末清初"四大著名启蒙思想家"，被中宣部、国家教委列为对中国历史有重大影响的"杰出思想家"。曾任山西长子县知县，遍游河北、河南、湖北、浙江、江苏等地 20 余年。志在天下，冀为王者师。主要代表作为《潜书》，《潜书》共 97 篇论文，分为上下两篇。上篇论学术，重在阐发"尽性"与"事功"相互统一的心性之学；下篇论政治，旨在讲求实治实功、抑尊富民的治世之术。

唐甄强调圣人之道的目的要"足于世"，道只有在真正完全用于世界万事万物上才是真正的道。道用于世也就是使世界万物各足于性。整体天下意识下家国天下的平治，是道之显用的最后归宿。建功立业、富民强国、工商并举、天下富足有序祥和，继承了儒者一以贯之的家国天下的担当。就个人来说，道的表现就是性，性也就是道，这个性是"统天地，备万物"的。万物之性来源于天，人为万物的一种，人之性也是来源于天。人之性本是与天地万物为一体的，因私意的原因，人为地有了物我之分。人从天那里秉承的性具有大同、大顺、大让、大明等特征，表现出来分别是仁、义、礼、智。育天下、裁天下、匡天下、照天下四者体现了一种更为明确的功用倾向。将文学、事功、道学各分其道的做法是错误的，儒者立志求道，正心修己、诱民从善，文学、事功皆在其中，尽人心之性，则文学、事功、道学皆可得。

唐甄道论的另一个重要内容是如何求道，他的观点是"即心是道""传道皆以传心"。他将心、道、书的关系做了一个比喻：心如同种子，道如同枝叶，书如同土壤。借用佛家的话语，种子能生长出枝叶，其最重要的"因"在于种子，其次要的"因"，也就是"缘"在于土壤。种子可能在条件不适合的时候不会长出枝叶，但种子却是能够长出枝叶最重要的原因。一块石头，无论土壤、水分、温度多么合适，都不会长出枝叶的。从人生的角度来说，圣人之心与我之心是同类的，人人都有成圣的可能。

唐甄主张为政当以富民为功，力除弃民虐民之政。民为邦本，为政首在富民。只有民众丰衣足食，国家才能兴旺发达；如果民众贫穷困苦，必将导致国家灭亡。立国之道无他，惟在于富。自古未有国贫而可以为国者。夫富在编户，不在府库。若编户空虚，虽府库之财积如丘山，实为贫国，不可以为国矣。因此，立国之富不在国库财富充盈，而在民众生活富裕。因其自然之利，发展多种生产。改革货币，促进商业的流通。

（十三）颜　元

身实学之，身实习之，终身不懈者。

——《存学编》

颜元是清初的思想家、教育家，颜李学派的创始人。

颜元（1635—1704），原字易直，更字浑然，号习斋，直隶博野县北杨村（今属河北省）人。一生以行医、教学为业，继承和发扬了孔子的教育思想，主张"习动""实学""习行""致用"几方面并重，主张培养文武兼备、经世致用的人才，批评宋明儒学家"穷理居敬""静坐冥想"的主张。其主要著述为《四存编》《习斋记余》。

颜元南游之后愈发感到程朱之学危害严重，"迨辛未游中州，就正于名下士，见人人禅宗，家家训诂，确信宋室诸儒即孔孟，牢不可破，口敝舌罢。去一分程朱，方见一分孔孟。不然终此乾坤，圣道不明，苍生无命矣"。他一方面著《四书正误》辨析朱熹学说的谬误，一方面向友人及门生申明训诂、理学、科学的危害，大声疾呼："非去帖括制艺与读著主静之道，祸终此乾坤矣。"颜元之谓宋明儒学无用，所谓无用的含义，一是静坐，一是读书。其实，理学入门，不止静坐一途，不过静坐法只是一捷径。即使从静中入手，亦只算为学的初步工夫，焉有终身寂坐的圣贤？以阳明为例，在龙场驿悟良知，便是从静中入手，以后不久，即倡"知行合一""事上磨练"等方法，皆入门后步步工夫之转进。又如张南轩，即不强调静坐效果，多从动中着力，如读书、工作、休息，乃至治军、为政，均可纳入其主敬工夫的范畴。陆象山治学、讲学、临政、治军，亦与此做法接近。唯朱子一面要从静中体认天理本体，一面又着重格物致知的工夫，"居敬穷理"在其治学过程中是分头并进的。居敬中有关静的一面工夫，自然占有一重要位置。认为"静"无用，对宋明儒的方法不做全盘探讨，是治学并未进入沉潜之境。另外，颜元力斥程朱不重事功，然朱子并非不重事功，只因陈义过高，鄙薄汉唐事功而已。朱子出任郡守、监司之职，其为政之硬派作风，整饬严峻，风纪肃然。

与程朱理学教育针锋相对，颜元主张崇实黜虚的"实学"，以"实"代"虚"，以有用代无用。认为尧舜周孔时代的学术"实学"，力倡六府——金、木、水、火、土、谷；三事——正德、利用、厚生；三物——六德、六行、六艺。这里所谓"六府""三事"，即《尚书·大禹谟》所云"水，火，金，木、土、谷"和"正德、利用、厚生"；"三物"即《周礼·地官》所云的"六德"（知、仁、圣、义、忠、和）、"六行"（孝、友、睦、姻、任、恤）、"六艺"（礼、乐、射、御、书、数）。颜元实学以"六艺"为根本，实学教育的核心在于"六艺"教育。

颜元还明确提出对利的追求，认为义、利并不是一对矛盾的范畴，"以义为利，圣贤平正道理也……利者，义之和也"，认为孔子时即教人"谋道"亦不放弃"谋食"："孔门六艺，进可以获禄，退可以食力"。道心不可以没有私欲，没有私欲就不能尽道心。对应当追求的利进行放弃，不是义举，反而有可能成为社会发展的阻力。

（十四）李 塨

不知不能行，不行不可谓真知。

——《大学辨业》

李塨作为颜元的学生，对颜学的发扬与光大作出了巨大贡献。

李塨（1659—1733），清初思想家。字刚主，号恕谷。直隶（今河北）蠡县曹家蕞人。八岁时改名为塨。塨字一边是土，一边是恭，"土"是希望将来笃厚踏实，"恭"是希望能谦虚恭敬。他是颜元学说最得力的继承者、传播者和发展者，在教育方面颇有成就。著有《四书传注》《周易传注》等。

李塨30岁时，提出了"古之学实，今之学虚"的实学主张。根据其自述，40岁以前是他究心经世致用"实学"的阶段，与此相应的是他主要师事颜元一人。他后来觉察到，师友交往在学者成长过程中是起积极作用的，"每止宿，必访学人"。

李塨认为理学以静坐为习，是与儒家传统不相合的。宋儒"主敬"与"主静"并无本质区别。他从经验论出发，认为一个人在童年、青少年时期，以思动为快乐；到了老年，则以习静为安身立命所在。因而他断言，凡是讲究静坐者，就是衰世之学。宋儒这种闭目静坐、息念观空、却动专静的衰世之学，源自佛、道，不合儒家经典，也非儒家圣人孔孟的主张。在李塨心目中，儒家的核心就是"六艺"。"六艺"之教是建立在具体事物上的，不单是理学"读书明理"能包容得了的。

李塨认为"心"的作用非常重要。他以"身"和"心"的关系为例来说明这个问题："心之官则思，思非用乎？……体即具用也。用，用其体也。""心"是人体的一个器官，它的功能是思考，"用"就是发挥机体和机能的作用，所以思考就是心所发挥的能动作用。离开万物，"心"的认识毫无作用，但如果用"心"去探求的话，是能够认识存在于万物之中的理的。

对于"格物致知"中的"格"，他由原来颜元所传授的"犯手实做其事"，转而比较认可朱熹的观点，把它解释为"学"。"学"必须要达到"至"的境界。"格"是学习由浅入深、臻于完善的过程，"学有深浅，皆可为学；格者，由浅及深、无所不到之谓也"。

李塨的思想内容大抵根源于《周礼》为多，遍及其他的经书和史书。由于他的努力倡导，讲论心性空疏之学终告结束，学术风气为之一变。从此之后，学者的研究大都重归经史的实学里来。

（十五）全 祖 望

不知史以纪实，非其实者，非史也。

——《鲒埼亭集》

全祖望是清代浙东学派的重要代表人物。

全祖望（1705—1755），字绍衣，号谢山，浙江鄞县（今浙江省宁波市鄞州区）人。入翰林院为庶吉士，因不附权贵，于次年辞官归里，不复出仕，专心致力于学术，相继讲学，足迹遍布大江南北，对南粤学风影响很大。在经学、史学、编纂学等领域均有所涉猎并作出了杰出的贡献，专研宋和南明史事，留意乡邦文献，尤好搜罗古典文献及金石旧拓，曾编成《天一阁碑目》。其著作颇丰，撰有《鲒埼亭集》及《外编》等。

全祖望言史讲求"史以纪实"，然时时不忘义理。其记史同时十分注重"大义"所在：一生汲汲于搜访乡邦文献、忠烈义士、表彰节气，即是其以"春秋笔法"展现历史的最好见证；耗费数十年时间所成的《全氏七校水经注》，即是其应用实务的有力证据。实开鸦片战争前后龚自珍、魏源等研究历史、地理、国防边疆等经世致用之学的先河。在论经阐道之时，亦讲究求实求是：既主张"以史事证经学"，亦谨守"六经"之根柢。其治经所依据之"根"，实为史实经典。

在经学、史学、词科中，全祖望最有特色、最具影响的当数史学。其史学有两大特点：注重博采、慎择、精考，即求真纳实的精神；着力将对社会情感及个人抱负引进史学当中，就全氏而言，彰显忠义节气和经世思想是其以史明志的两大利器。

史料是史家治史的重要基础。历代史家都非常重视史料的搜集、整理和考辨。全祖望对于搜辑遗佚，可谓呕心沥血，废寝忘食。祖望在整理史籍时，既重视取益于正史，又注意从野志稗乘、世家谱牒中汲取可供参考佐证的资料，对于两者均未涉及的地方，则根据其他途径所掌握的可靠史料加以补充。对于私家撰写的地志、年谱之类，全祖望十分重视，并从中取益，以作为校正、补充史料。值得借鉴的是其谨慎求实、强调比对考证后方可纳用史料的求是精神：对于搜集到的资料，祖望总是抱着信则传信、疑则存疑、稽古考据、多方参照后方采而纳之的求实态度。

全祖望笔下忠义节气之人，有胜国忠臣，有节士义民，亦有遗民学者，形形色色，面目各异，虽个性特点不一，然共同精神分明。全祖望紧紧抓住"忠义节气"的内核叙事记人，以人系事，因事明人，或明述，或侧写，人物景象，跃然纸上，使人动情，使人动容。

浙学各派虽因门户有别和个性迥异而学术风貌各呈异象，但有一个共同遵循的基本原则和导向，即求真务实。全祖望不仅大力弘扬史学必须切求"日用"的思想，表彰经世致用的历代学者，在自己治史生涯中，亦力行以证之。

（十六）戴　震

人生而有欲、有情、有知，三者，血气心知之自然也。

——《孟子字义疏证》

戴震是清代著名的哲学家、思想家、考据学家、经学家。

戴震（1724—1777），一字东原，二字慎修，号杲溪，休宁隆阜（今安徽黄山屯溪区）人。戴震治学广博，音韵、文字、历算、地理无不精通，又进而阐明义理，其思想对晚清以来的学术思潮产生了深远影响。有学者称之为"前清学者第一人"、中国近代科学界的先驱。著作有《孟子字义疏证》《原善》等。

戴震以乾嘉考据之学大师著称于世。与清代中叶其他经师钻故纸堆不同的是，他继承发扬了顾炎武以来的学术传统。他提出"由训诂以明义理""执义理而后能考核"的思想，既反对空谈义理，又反对考据学的矫枉过正。他说："凡学始乎离词，中乎辨言，终乎闻道。""离词—辨言—闻道"，构成了其思想的主体框架。义理、考据、文章（词章）同为学问之途，"义理即考核、文章二者之源"，义理是最为重要的，考据、词章只不过是通向义理的手段。

戴震提出"气化流行，生生不息，是故谓之道"，认为理就是条理，而宋明理学家的所谓理，不同于儒家经典中的理，指出："就事物言，非事物之外别有理义也。"他批评程朱"以理为气之主宰"是"诬圣乱经"，痛斥"存天理，灭人欲"之说是"以理杀人"。与之针锋相对，他提出了"欲，其物；理，其则也"的命题，认为："凡事为皆有于欲，无欲则无为矣。有欲而后有为，有为而归于至当不可易之谓理。无欲无为，又焉有理？"戴震重新解释了理、天道、性、才、道、仁、义、礼、智、诚等哲学范畴，坚持"气化即道"的宇宙观，认为阴阳五行永不停息的运动构成了道的真实内容。

戴震重新梳理了"化之原"与"化之流"、"生生者"与"生生而条理者"以及"自然""必然""本然"的关系，认为宇宙生命及其变化的源头是"仁"，"仁"是"生生者"，"变化之流"是"生生之条理者"，即"理"。换言之，人道本于性，而人性源于天道；天道固无不善，人道、人性自然也就无不善；于是，人的生命价值与宇宙生命的意义就融汇于"天人合一"的境界。所谓"天理"就是天然的、自然而然的道理，"理"与"欲"是统一的，欲望的适当满足就是"理"，"理者，存乎欲者也"。

戴震十分注重人的血气心知，"人生而有欲、有情、有知，三者，血气心知之自然也。惟有欲有情而又有知，然后欲得遂也，情得达也"。欲、情、知是天赋的人性，天赋人以"心"，即用理性思维来调节作为感性存在的人。换言之，人欲并不可怕，也不是邪恶的，追求人欲的满足是正当的人性要求。欲、情、知三者条畅通达，才是人生的理想状态。

戴震对人道的理解并不神秘，可谓具体切实，近在自身。他说："人道，人伦日用、身之所行皆是也。"和天道相比，两者间有某种形式的类同之处。人道和自然元气的天道间是有联系的，中介就是禀之自然的人性。天道是人伦之道的间接决定者，人性是人道的直接决定者。

戴震认为，"修身以道"是个根本，有了这一根本，有限的社会关系才能处理得体。从修养的内容看人道，则"其纯粹中正，则所谓'立人之道曰仁与义'，所谓'中节之谓达道'是也"，即人道中的"纯粹中正"之道是"仁与义"。有了它，"君臣、父子、夫妇、兄弟、朋友之交，五者为达道，但举事实而已"，可见自我修养是根本，"仁与义"是根本，君臣、父子等人际关系中的"达道"不过是些体现"仁与义"的事实。"仁与义"是"纯粹中正"之"达道"，而智仁勇义是实行"达道"的途径和方法，"智仁勇以行之，而后纯粹中正"。

戴震以"理欲一元"的论说，打破了"理欲二元论"，批判宋明以来的儒学之"理"成为专制主义的"残杀之具"："尊者以理责卑，长者以理责幼，贵者以理责贱……死于理，其谁怜之？"诸如此类的论述在辛亥革命和五四运动时期十分流行。这些思想在客观上反映包含着启蒙思想的因素，是中国文化现代转型的先声。

（十七）章 学 诚

史学所以经世，固非空言著述也。

——《文史通义》

章学诚是清代的史学家、思想家、文学家。

章学诚（1738—1801），字实斋，会稽（今浙江绍兴）人。进士，官国子监典籍。曾主讲定州定武、保定莲池书院，并为南北方志馆主修地方志。章学诚倡"六经皆史"之论，治经治史，皆有特色。所著《文史通义》，是清中叶著名的学术理论著作。

章学诚提出"六经皆史"说，认为"古人未尝离事而言理"，"六经"记载来源于社会生活和治国的实践，而绝非圣人头脑天生聪明的产物。《易》之道是具体典章制度之本原。庖羲、神农、黄帝有三《易》，都是根据"天理之自然"，即对自然现象观察、总结而得的规律性知识以教民。

章学诚历史哲学探索的集中成果是《原道》三篇。"道"源于社会实践，逐步演化发展，"渐形渐著"，越来越明显、复杂。随着人类生活和生产的演进，显示出"事势自然"的趋势。"故道者，非圣人智力之所能为，皆其事势自然，渐形渐著，不得已而出之。""道"是万事万物形成的客观法则，不同阶段具有不同的表现形式。历代制度的创设，都是"有所需而后从而给之"。

"道"与事功密切相连。立言之士必须革新观念，勇于总结出新的"道"。事物不断发展，"道"也要发展。人生在世，无论贫富贵贱，都免不了一死，这是自然规律。只有时时去其"私于形气、争于是非之所谓我"，而向"赤子""修身"之"真我"发展、奋斗，不断完善和发展"自我"，才有可能取得事业的成功，也才称得上是"不负我生"。只有不断改造自己，"时时去其故我，而后所存乃真我"，"我"才会不断进步，人生也才会有价值。"学于圣人，斯为贤人。学于贤人，斯为君子。学于众人，斯为圣人。"

章氏把自己的史学理论，用于编修方志的实践中。梁启超把他誉为中国"方志之祖""方志之圣"。

（十八）阮　元

> 余之说经，推明古训，实事求是而已，非敢立异也。
>
> ——《揅经室集》

阮元是清朝中期经学家、训诂学家、金石学家。

阮元（1764—1849），字伯元，晚号怡性老人，江苏扬州仪征人，进士，先后任侍郎、学政、巡抚、总督等职。历乾隆、嘉庆、道光三朝，体仁阁大学士，太傅，谥号文达。阮元在经史、数学、天算等方面都有着非常高的造诣，被尊为三朝阁老、九省疆臣、一代文宗。著有《经籍纂诂》等。

阮元视野几乎遍及乾嘉学人所有领域，而皆归宗于经旨。他以"揅经"为室名，正是一生治学旨趣之总括。阮元治经，以实事求是为最高宗旨："余之说经，推明古训，实事求是而已，非敢立异也。"通经之途在于稽古，而稽古之成败，在于能否得古人训诂、义理之真。因此，阮元治经，尤重训诂。为求经书之真，必须探求古人义理。

阮元的实学思想包含两个层面的含义：一是质实、实事之学（即"学"的层面），一是实践、实行之学（即"行"的层面）。阮元既致力于"质实""实事"之学，又努力倡导将其付诸实践、实行。力倡以"实"说经、以"事"说经，恢复先秦原儒经典古义。"实"就是"实事"，古圣贤讲论学术，没有空言，字字实在，在经学研究中，他以训诂的方式还经典以原儒本义，努力以"事"释经、以"实"说经，一方面具有批判晋、唐以来儒者空言说经、倡导"实事求是"学风的学术意义；另一方面还具有将古圣贤治世之意推及日用的实践意义，将"求实"与"致用"有机结合起来。倡导"礼治"，极力强调礼学的践履意义。认为像"孝"一类的"悌""忠""信"等，"皆圣贤极中极庸极实之道，亦即天下古今极大极难之道"，充分肯定"孝"在社会治理中的作用。

阮元还重视古代吉金石刻，"形上谓道，形下谓器。商周二代之道存于今者有九经焉，若器则罕有存者，所存者铜器钟鼎之属耳。"特别是这些器物还反映了古代社会的制度礼仪，所以阮元对此有特殊的爱好，"每摩挲一器，拓释一铭，俯仰之间，辄心往于数千年前"。经过长年不懈的搜集研究，阮元终于纂成三部金石专著。

阮元没有盲目排外，而是追随时潮，精研对社会发展有用的西方科学，但并不盲目崇拜西学，对传教士蓄意歪曲中西算学史的言论，则必定在摆明史实的基础上明辨之。力图以学术为经世之务，同时这种学术之道又进一步强化了他承担历史、社会责任与使命的自觉意识。他不仅在经、史、文诸多学术方面成就辉煌，而且在察吏、抚民、武事、治赋、治漕等事功方面成绩显赫。阮元曾作诗说"古人之砚古之式，用以摹经发守墨。凡事求是必以实，如石坚重效于国"，可见其拳拳"经世"之心。作为清廷要员、封疆大吏，他时时刻刻都关注学术与治道的关系。他的"稽古"之学，就是为其政事服务的，故其言曰："未有不精于稽古而能精于政事者也。"又说："学与仕合，济于世用。"

（十九）林 则 徐

海纳百川，有容乃大；壁立千仞，无欲则刚。

——《林则徐全集》

林则徐是清朝中后期著名的政治家、思想家、文学家，民族英雄。

林则徐（1785—1850），字元抚，又字少穆、石麟，晚号俟村老人、俟村退叟、七十二峰退叟、栎社散人等，福建侯官县（今属福州市）人。历官编修、江苏按察使、东河总督等职，1839 年以钦差大臣赴广东禁烟。虎门销烟成为第一次鸦片战争英国入侵中国的借口。1840 年林则徐被革职，1841 年被发往新疆戍边。1845 年重获起用，历任陕甘总督等职，加太子太保。有《林文忠公政书》等作品传世。

西方资本主义强敌入侵，促使林则徐最先从封建的闭关自守的昏睡状态中觉醒，以全新的态度睁眼看世界。林则徐赴广州主持禁烟后，在与侵略者斗争的实践中意识到自己对西方知识的贫乏、国人对王朝之外世界的无知，他急于改变"沿海文武大员并不谙诸夷情，震于英吉利之名，而实不知来历"的状况，于是开始有意识有目的地收集外文报刊、书籍进行翻译，以求获得有价值的情报，加深朝廷、国人对"西洋"的了解。

把外国人讲述中国的言论翻译成《华事夷言》，作为当时中国官吏的"参考消息"；为了解外国的军事、政治、经济情报，将英商主办的《广州周报》译成《澳门新闻纸》；为了解西方的地理、历史、政治，较为系统地介绍世界各国的情况，又组织翻译了英国人慕瑞的《世界地理大全》，编为《四洲志》；适应当时对敌斗争和对外交涉的需要，着人迅速编译了《国际法》。它标志着西方国际法著作开始正式传入中国，近代国际法开始在中国应用于对外交涉，标志着中国近代国际法学史的开端。

林则徐是一位出色的治水专家，在其仕宦生涯中，十分重视并努力举办水利事业，兴修浙江、上海的海塘，太湖流域各主要河流等水利工程，治理运河、黄河、长江。治水注重深入实际，事必躬亲，同时还重视赈灾济贫，这些都是其"重民"思想的反映。曾著《北直水利书》，除经济之外，亦有治水方略，后来其学生冯桂芬将之改编成《畿辅水利议》。

林则徐不顾年高体衰，从伊犁到新疆各地"西域遍行三万里"，实地勘察了南疆八个城，加深了对西北边防重要性的认识。从所译资料中发现沙俄对中国的威胁，促成了他抗英防俄的国防思想，成为近代"防塞论"的先驱。明确提出"屯田耕战"。根据自己多年在新疆的考察，结合当时沙俄胁迫清廷开放伊犁，指出沙俄威胁的严重性，临终时告诫国人："终为中国患者，其俄罗斯乎！吾老矣，君等当见之。"果不其然，60余年之后，数百万平方公里领土已被蚕食鲸吞。

尽管林则徐一生力抗西方入侵，但对于西方的文化、科技和贸易则持开放态度，主张学其优而用之。他至少略通英、葡两种外语，且着力翻译西方报刊和书籍，对晚清的洋务运动乃至日本的明治维新都具有启发作用。

（二十）龚自珍

一代之治，必有一代之人才任之。

——《龚自珍全集》

龚自珍是清朝著名的思想家、文学家、诗人，改良主义的先驱。

龚自珍（1792—1841），字伯定，号定庵，仁和（今浙江杭州）人。曾任内阁中书等官职。主张革除弊政，抵制外国侵略，曾全力支持林则徐禁除鸦片。48岁辞官南归。著有《定庵文集》，留存文章300余篇，诗词近800首，今人辑为《龚自珍全集》。

龚自珍主张"更法""改图"，被誉为"三百年来第一流"。龚自珍身处传统与现代的交接点上，他是中国近代人文主义思想的开端，是思想转变时期的通儒。他思想活跃，经学、史学、典章制度、训诂、音训、金石、天文、地理、诗词歌赋、佛、老无不涉及。

龚自珍把自我作为世界第一原理，标志着现代"自我"开始醒悟，这是以个性自由为内容的近代人文主义的开端。龚自珍说："我光造日月，我力造山川，我变造毛羽肖翘，我理造文字言语，我气造天地，我天地又造人，我分别造伦纪。"

人类先解决了衣食住行的生活问题，在基本的物质生活满足之后，才有"性与天道"，是人造神，而不是神造人；是人先于天，不是天先于人。从个人发展而言，应极重视心力，"报大仇，医大病，解大难，谋大事，学大道，皆以心之力"。社会的变化，依存于人才的心力。心之力，决定了具体社会行为的成败。对"命"这一概念进行新的阐述。认为"命"的第一层解释是命令和规律，"天命曰流行，君命曰内出"，自然变化的规律和君王的命令，是人们应该尊重的。然而，天命与君命之间并没有先验的感应关系。第二层解释，"命"表达了社会关系的伦理道德准则。

龚自珍认为善与恶作为一对矛盾并存在人性中，彼消此长，相互抑制。善抑制了恶，就成为尧那样的大圣人；恶抑制了善，就成为桀那样的大暴君。历史的进程是人君所推动的，"自周而上，一代之治，即一代之学也；一代之学，皆一代王者开之也"。君王开辟了一代政治，一代政治造成一代学术，历史动力在于个人。因此，国君"其力强，其志武，其聪明上，其财多"，就可造成"一人为刚，万夫为柔"的局面。他甚至把王朝的盛衰、国家的存亡维系在人君身上。到了"五行不再当令，一姓不再产圣"，气数已尽，人君无能，就要江山易主了，关键还是在"圣"。

政治应当关注当代本身，不应当以"三代"模式来规范当代。龚自珍提出了"一代之治即一代之政"的主张，反对传统的复古政治思潮。主张天命与君命分离，确立以人类自身需要为目的的主权意识，"以制作自为统"。这种政治不再诉诸传统权威和习俗，而是诉诸人的理性的筹划。

龚自珍是中国近代哲学的开端。19世纪中国哲学已经开始在寻求新的方向、寻求走出中古的方法，它为西方思想的传入提供了土壤。龚自珍是振臂高呼的改革家。的确，龚自珍曾呼吁："一祖之法无不敝，千夫之议无不靡，与其赠来者以劲改革，孰若自改革！"不过，从他的思维方式而言，他呼吁的改革，仍然是渐进式的改革。如果联系到那个万马齐喑的年代，即使是渐进式的改革呼吁，也足以振聋发聩了。

（二十一）魏　源

履不必同，期于适足；治不必同，期于利民。

——《魏源集》

魏源是清朝著名的启蒙思想家、政治家、文学家。

魏源（1794—1857），名远达，字默然，号良图，湖南邵阳人。进士，官高邮知州，晚年弃官归隐，潜心佛学。魏源认为论学应以"经世致用"为宗旨，提出"变古愈尽，便民愈甚"的变法主张，倡导学习西方先进科学技术，是晚清经世学风的倡导者。他编撰了《皇朝经世文编》，著有《海国图志》等。

魏源提出"师夷长技以制夷"，开启了解世界、向西方学习的新潮流，这是中国思想从传统转向近代的重要标志。在论述事与心、法与人、今与古、物与我这几组对立的关系时，魏源明确指出更应该重视"事""法""今""物"，即提倡士人应把研究当今不断变化的事物、现实社会的各种问题和提出变革的办法，作为关注的重点，故说，"善言心者，必有验于事矣"，"善言人者，必有资于法矣"，"善言古者，必有验于今"。"既经世以表全编，则学术乃其纲领"，是《皇朝经世文编》的指导思想，体现了学术为现实服务，注重学术对社会的导向性功能，也就是魏源提出的"以实事程实功，以实功程实事"精神的具体体现。

魏源的学术思想，旁涉法、老、兵，兼采西学，由经学转入史学，旨在实用。他从理学入门，旁涉汉学，再由汉学之"训诂"而转入今文经学，用公羊学的"微言大义"来贯彻经术、故事、文章于一。推崇西汉"六经治世"的治国方略，主张治经、明道、政事三者相结合，为解决现实社会的政治问题服务。由治经转向治史，以史为治术，开传统史学向近代"新史学"过渡之先河。他撰述的《圣武记》《道光洋艘征抚记》《海国图志》都是"新史学"的代表作。《海国图志》是传统史料学所未有的，书中叙述世界各国的沿革、地理、国际关系和社会状况，是第一部较为完整的世界历史著作，是19世纪中叶中国以至东亚内容最丰富的世界知识百科全书，它开阔了中国人开眼看世界的视野。

1853年，魏源辞官归兴化，从此游历江南各地，会译《佛说摩诃阿弥陀经》，开始专心佛学。近代中国，学人研究和推崇佛学是一种学术风尚，形成这种风尚的原因是多方面的。在经学濒临绝境时，转向重在践履的净土宗以立身。他把禅净合一，主张"禅净双修"。

魏源主张打破学术上的畛域，融会贯通各家各派。他大力抨击长久以来学术界门户林立的局面，认为各个学术派别之间的纷争完全是毫无意义的内耗，于国于民没有任何益处。他提出："兼黄、老、申、韩之所长而去其所短，斯治国之庖丁乎！"换言之，即是以儒家思想为基础，融合中华传统文化中各种思想流派的优良部分，互相补充，为社会现实问题尤其是为维护社会秩序提供理论上的指导和解决的方案。

魏源在鸦片战争后所提出的若干建设性方案，已经明显具有近代新思想的萌芽，这就是学习西方，"师夷长技"。它既是近代经世之学与传统经世之学的不同之处，也体现了传统经世之学在近代的延伸，而中国文化与西方文化的交汇最初就实现于这种延伸之中。

（二十二）曾 国 藩

天下古今之庸人，皆以一惰字致败；天下古今之人才，皆以一傲字致败。

——《曾国藩全集》

曾国藩是晚清时期著名的政治家、战略家、理学家、文学家、书法家，湘军的创立者和统帅。

曾国藩（1811—1872），初名子城，字伯涵，号涤生，"宗圣"曾子七十世孙。出身普通耕读家庭，自幼勤奋好学，1838年中进士，入翰林院，为军机大臣穆彰阿门生。累迁内阁学士，礼部侍郎，署兵、工、刑、吏部侍郎。与大学士倭仁、徽宁道何桂珍等为密友，以"实学"相砥砺。组建湘军，经过多年鏖战后攻灭太平天国。对晚清王朝的政治、军事、文化、经济等方面都产生了深远的影响。官至两江总督、直隶总督、武英殿大学士，封一等毅勇侯，谥号文正，后世称"曾文正"。其著有《治学论道之经》《持家教子之术》《冰鉴》《曾国藩家书》等，今人编有《曾国藩全集》。

曾国藩一生奉行程朱理学，对于宋明儒学其他支派的思想亦多所汲取。看到了程朱理学"指示之语，或失于隘"，或"病于琐"，或"偏于静"的局限。对心学表现出了宽容的学术姿态。以气学在生成论方面的资源来弥补理学之局限，认为天地万物均因禀气而生。其一生奉行为政以耐烦为第一要义，主张凡事要勤俭廉劳，不可为官自傲。他修身律己，以德求官，礼治为先，以忠谋政，在官场上获得了巨大的成功。

曾国藩对"康乾盛世"后清王朝的腐败衰落，洞若观火。"国贫不足患，惟民心涣散，则为患甚大。"对于"士大夫习于优容苟安"，"昌为一种不白不黑、不痛不痒之风"，"痛恨次骨"。提出"行政之要，首在得人"，危急之时需用德器兼备之人，要倡廉正之风，行礼治之仁政，反对暴政、扰民，对于那些贪赃枉法、鱼民肥己的官吏，一定要予以严惩。至于关系国运民生的财政经济，认为理财之道，全在酌盈剂虚，脚踏实地，洁己奉公，"渐求整顿，不在于求取速效"。将农业提到国家经济中基础性的战略地位，认为"民生以穑事为先，国计以丰年为瑞"。受两次鸦片战争的冲击，曾国藩对中西邦交有自己的看法，一方面他十分痛恨西方人侵略中国，认为卧榻之旁，岂容他人鼾睡，并反对借师助剿，以借助外国为深愧；另一方面又不盲目排外，主张向西方学习其先进的科学技术。

曾国藩提倡忠君卫道、以儒家学说治军这一宗旨贯彻在选将、募兵、军队管理以及协调军内外关系等方面。曾国藩的军事思想内涵极丰，极显过人之处。他认为，兵不在多而在于精，"兵少而国强"，"兵愈多，则力愈弱；饷愈多，则国愈贫"。主张军政分离，各负其责。他购买洋枪、洋炮、洋船，推进中国军队武器的近代化。

曾国藩治军把选将作为第一要务，他说："行军之道，择将为先。"他的选将标准是德才兼备，智勇双全，而把德放在首位，并把德的内涵概括为"忠义血性"。认为："用兵者必先自治，而后制敌。"据统计，湘军将领 179 人中，儒生出身的 104 人，占 58%。以如此众多的儒生为将，这在历代军事史上都是罕见的。将清朝的世兵制改革为募兵制，开创了近代中国"兵为将有"的先例，军阀拥兵割据的局面初显端倪。其军事思想影响了几代人。

曾国藩主办洋务。1867 年，在江南制造总局下设造船所，试制船舰。同时拟设译书馆。1868 年，至上海视察江南制造总局；江南造船厂试制的第一艘轮船驶至江宁，曾登船试航，取名"恬吉"。1872 年，曾国藩领衔上奏，促请对"派遣留学生一事"尽快落实，并提出在美国设立"中国留学生事务所"。

在曾国藩倡议下，建造了中国第一艘轮船，建立了第一所兵工学堂，印刷翻译了第一批西方书籍，安排了第一批赴美留学生。曾国藩是中国近代化建设的开拓者，与胡林翼并称"曾胡"，与李鸿章、左宗棠、张之洞并称"晚清中兴四大名臣"。

（二十三）张 之 洞

中学为内学，西学为外学。中学治身心，西学应世事。

——《劝学篇》

张之洞是晚清名臣、洋务派的代表人物。

张之洞（1837—1909），字孝达，晚年自号抱冰，祖籍直隶南皮，出生于贵州兴义府（今安龙县）。授翰林院编修，历任教习、侍读、侍讲、内阁学士、山西巡抚、两广总督、军机大臣等职，官至体仁阁大学士。著有《劝学篇》《张文襄公全集》等，今编有《张之洞全集》。

张之洞出身于官宦世家，幼年奠定扎实的理学基础，青年之后转向经学，并在国家危难中坚定了学术经世致用的生平志向。从担任学政时期开始提倡实学教育，展现出通经致用的经世实学思想。主张以承载圣学精神的经史古学为基础，理学精神作为行为准则，删减掉传统中无关圣学实质的内容，将学术与实践会通起来，以达到重振中华的目的。

张之洞主张"中学为体，西学为用"。坚持孔门圣学的基础上，以伦理纲常为基础。提倡辩证认识西方文化，取其精华，去其糟粕，为我所用。张之洞提出的西政，并非政治体制深层之权力分配，而是在表层的政府机构设置、运行方面，实质是通过调整政治体制的表层结构，形成学习表层的"西政"而提高政府运作效率，从而加大引入"西艺"力度，增强救亡实效。对于一般认为西方政治核心的"民权""自由""自主""议院"等，张之洞几乎一律反对。这种拒斥，使得后世研究者多以"保守"加以批判。

张之洞注重讲求国家民族的公利。他开创中国近代的实业体系，探索了最早的货币、金融、财税建设。强调"办大事不惜费"，只有付出极大的物质利益才能保证国家民族大义所在。创办自强学堂（今武汉大学前身）、三江师范学堂（今南京大学前身）、湖北农务学堂、湖北武昌蒙养院、湖北工艺学堂、慈恩学堂（今南皮县第一中学前身）、广雅书院等。两湖书院为中国传统书院体制，以学习中国经史古学为主；自强学堂采用西方学堂体制，由西方教员教习新学。工业上创办汉阳铁厂、大冶铁矿、湖北枪炮厂等。从机器织布入手，逐渐建立了中国近代纺织工业体系。

实事求是是张之洞实学的突出特点。"实事"指尽量搜集主观世界、客观世界的各种资源，在实践中加以分析比较，从而兼采各家长处，为我利用。注重采用"类族辨物"的分类方法，把握客观存在的内部构成、历史源流，从而立足于当前实际，采用各种办法，争取更有利的结果。在开展的各种新政举措实践中，逐渐实现个人主观认识和客观世界的不断接近，这种接近就是"求是"，就是逐渐接近真理的过程。

主要参考文献

一、古籍类

张载：《张载集》，中华书局 1978 年版。

程颢、程颐：《二程集》，中华书局 1981 年版。

朱熹：《朱子全书》，上海古籍出版社 2010 年版。

陆九渊：《陆九渊集》，中华书局 1980 年版。

陈亮：《陈亮集》，中华书局 2010 年版。

叶适：《叶适集》，中华书局 2010 年版。

王守仁：《王阳明全集》，上海古籍出版社 2011 年版。

罗钦顺：《困知记》，中华书局 1990 年版。

何心隐：《何心隐集》，中华书局 1960 年版。

李贽：《藏书》，中华书局 1974 年版。

吕坤：《呻吟语》，岳麓书社 1991 年版。

刘宗周：《刘子全书》，浙江古籍出版社 2007 年版。

孙奇逢：《夏峰先生集》，中华书局 2004 年版。

朱舜水：《朱舜水集》，中华书局 1981 年版。

黄宗羲：《明儒学案》，中华书局 2008 年版。

黄宗羲、全祖望：《宋元学案》，中华书局 1986 年版。

黄宗羲：《明夷待访录》，中华书局 2011 年版。

陈确：《陈确集》，中华书局 1979 年版。

陆世仪：《思辨录辑要》，商务印书馆 1936 年版。

顾炎武：《顾炎武全集》，上海古籍出版社 2011 年版。

王夫之：《船山全书》，岳麓书社 1988 年版。

李颙：《二曲集》，中华书局 1996 年版。

唐甄：《潜书》，中华书局 1984 年版。

颜元：《颜元集》，中华书局 1987 年版。

全祖望：《全祖望集汇校集注》，上海古籍出版社 2000 年版。

戴震：《戴震集》，上海古籍出版社 2009 年版。

二、今人著作

唐道宗：《圣贤实学》，明善书局 1932 年重印。

傅云龙：《实学文导》，台中文听阁图书有限公司 2010 年版。

梁启超：《中国近三百年学术史》，商务印书馆社 2011 年版。

梁启超：《清代学术概论》上海古籍出版社 1998 年版。

王仁俊编：《实学报——中国近代期刊汇刊》，中华书局 1991 年版。

侯外庐：《中国早期启蒙思想史》，人民出版社 1956 年版。

陈鼓应、辛冠洁、葛荣晋主编：《明清实学思潮史》，齐鲁书社 1989 年版。

葛荣晋：《王廷相和明代气学》，中华书局 1990 年版。

张岂之：《儒学·理学·实学·新学》，陕西人民出版社 1991 年版。

葛荣晋主编：《中日实学史研究》，中国社会科学出版社 1992 年版。

陈祖武：《清初学术思辨录》，中国社会科学出版社 1992 年版。

王育济：《理学·实学·朴学——宋元明清思想文化的主流》，山东友谊出版社 1993 年版。

葛荣晋主编：《中国实学思想史》，首都师范大学出版社 1994 年版。

陈鼓应、辛冠洁、葛荣晋主编：《明清实学简史》，社会科学文献出版社 1994 年版。

杨向奎：《清儒学案新编》，齐鲁书社 1994 年版。

张岂之：《儒学·理学·实学·新学》，陕西人民教育出版社 1994 年版。

李岩：《朝鲜李朝实学派文学观念研究》，北京大学出版社 1994 年版。

李甦平等：《中国·日本·朝鲜实学比较》，安徽人民出版社 1995 年版。

陈显泗主编：《实学大家·宋应星》，海南国际新闻出版中心 1996 年版。

葛荣晋、王俊才：《陆世仪评传》，南京大学出版社 1996 年版。

王兴国：《实事求是论》，湖南人民出版社 1998 年版。

中国实学研究会编：《中韩实学史研究》，中国人民大学出版社 1998 年版。

姜日天：《朝鲜朝后期北学派实学思想研究》，民族出版社 1999 年版。

葛荣晋、赵馥洁、赵吉惠主编：《张载关学与实学》，西安地图出版社 2000 年版。

吕元骢、葛荣晋：《清代社会与实学》，香港大学出版社 2000 年版。

葛荣晋、魏长宝：《一代儒宗顾亭林》，文津出版社 2000 年版。

葛荣晋主编：《韩国实学思想史》，首都师范大学出版社 2002 年版。

中国实学研究会编：《实学文化与当代思潮》，首都师范大学出版社 2002 年版。

冯天瑜、黄长义：《晚清经世实学》，上海社会科学院出版社 2002 年版。

朱康有：《李二曲心性实学研究》，中国文联出版社 2003 年版。

葛荣晋：《中国实学文化导论》，中共中央党校出版社 2003 年版。

苗润田主编：《儒学与实学》，中华书局2003年版。

欧崇敬：《中国哲学史——宋元明清的新儒学与实学卷》，台北洪叶文化事业有限公司2003年版。

李志军：《西学东渐与明清实学》，巴蜀书社2004年版。

赵金昭主编：《二程洛学与实学研究》，学苑出版社2005年版。

澳门中国哲学会编：《21世纪中国实学》，社会科学文献出版社2005年版。

潘起造编著：《明清浙东经世实学通论》，宁波出版社2005年版。

〔日〕稻盛和夫：《稻盛和夫的实学：经营和会计》，吴辉译，译林出版社2005年版。

岳天雷：《高拱实学实政论纲》，吉林大学出版社2006年版。

北京师联教育科学研究所编选：《陈确实学教育思想与教育论著选读》，中国环境科学出版社、学苑音像出版社2006年版。

北京师联教育科学研究所编选：《王廷相、罗钦顺实学教育思想与教育论著选读》，中国环境科学出版社、学苑音像出版社2006年版。

北京师联教育科学研究所编选：《朱之瑜实学教育思想与教育论著选读》，中国环境科学出版社、学苑音像出版社2006年版。

吴德、曾令先：《实学简史》，重庆出版社2007年版。

中国实学研究会、中国元史研究会主编：《许衡与许衡文化》，中州古籍出版社2007年版。

中国实学研究会主编：《浙东学术与中国实学》，宁波出版社2007年版。

张树骅、宋焕新主编：《儒学与实学及其现代价值》，齐鲁书社2007年版。

邱春林：《会通中西：晚明实学家王徵的设计与思想》，重庆大学出版社2007年版。

琴章泰编著：《丁若镛：韩国实学之集大成者》，延边大学出版社2007年版。

韩英：《戴震的气学与丁若镛实学的近代性研究》，世界图书出版公司北京公司 2007 年版。

［日］斋藤显一等：《实学》，台北漫游者文化事业股份有限公司 2007 年版。

冯克诚：《明代实学教育思想与论著选读》，人民武警出版社 2010 年版。

杨华祥：《实事求是与儒家实学——明末清初实学思潮研究》，武汉出版社 2011 年版。

［日］大川隆法等：《信仰与实学之间》，台北信实文化行销有限公司 2011 年版。

李英顺：《朝鲜北学派实学研究》，中国社会科学出版社 2011 年版。

王文虎：《新实学》，东北师范大学出版社 2012 年版。

张传友：《清代实学美学研究》，上海交通大学出版社 2012 年版。

黄海涛：《明清实学经济伦理思想研究》，云南大学出版社 2012 年版。

朱七星：《朝鲜实学思想史》，香港亚洲出版社 2013 年版。

中、日、韩实学研究会共同编著：《影响东亚的 99 位实学思想家》，中国财富出版社 2015 年版（另有日文版、韩文版）。

吴超：《江南"博学鸿儒"与清初实学学风——以经史之学为中心的研究》，上海交通大学出版社 2017 年版。

王杰、朱康有主编：《传统实学与现代新实学文化》（1—5 卷），中国言实出版社 2017、2018 年版。

王杰主编：《中国实学》（2022 年第一辑，总第一辑），中国社会科学出版社 2022 年版。

王杰主编：《中国实学》（2023 年第一辑，总第二辑），中国社会科学出版社 2023 年版。

后　记

　　《中国实学概述》是中国实学研究会组织编写出版的一部普及型读物，旨在面向社会大众宣传中国实学思想，推动实学思想文化在中国和东亚国家的传承、转化与弘扬。

　　中国实学研究会成立于1992年10月，是由教育部主管、在民政部注册登记的国家一级学术性社团组织。学会坚守中华文化立场，传承中华文化基因，团结、组织海内外热心于中国实学文化、中华优秀传统文化的知名专家学者，对中国乃至东亚地区的实学思想进行全面的、系统的梳理和研究，编辑、出版实学著作、刊物和资料数十册，在实学研究领域取得了丰厚的研究成果，"明清实学"的研究定位得到学术界的广泛认同，推动了中国实学、东亚实学的学术研究，增强了实学文化的生命力和现实影响力。

　　建会以来，中国实学研究会与各地政府、高校、科研院所、学术团体共同组织了大量国际国内学术研讨会、座谈会、论坛，开展了许多研究阐释、宣传弘扬中国实学文化和中华优秀传统文化的学术活动。特别是定期在中、日、韩三国之间轮流进行的东亚实学国际论坛，迄今已成功举办了十六届，成为具有国际影响力的实学思想文化交流品牌，从而极大推动了中、日、韩学术界的交流与合作。

进入 21 世纪，中国实学研究会历任会长 葛荣晋 教授、张践教授、王杰教授积极推动构建当代"新实学"体系，倡导建立东亚实学研究共同体，在中、日、韩思想界引起了热烈反响。中国实学研究会在研究和传播实学文化的同时，创建了实学馆、实学堂和实学书局等实体机构，搭建了微信、微博等实学文化传播新媒体平台，实学思想文化理念进入越来越多的人的视野，得到了越来越广泛的认同与支持。

放眼未来，中国实学研究会将持续发挥智库功能，努力建成一流学术阵地，推动实学文化乃至整个中华传统文化走向世界，为实现中华民族的伟大复兴而努力，为构建人类命运共同体作出更大的贡献。

在本书的编写过程中，王杰、朱康有担任主编，王杰全程指导本书的编写工作，对本书的选题、框架拟定和写作纲要等给予了具体指导。朱康有负责本书的总体框架，干春松为本书提供了编写意见。本书各部分的主要撰写人员为：序言和后记由王杰撰写，第一部分由李伟波和朱康有编写，第二部分由李伟波编写，第三部分由朱康有和李伟波编写，参考文献由李伟波完成。此外，李伟波负责全书的统稿和修订工作。本书编写得到了中国实学研究会诸多理事和会员的帮助和建议，在此一并致谢。

本书的编辑出版得到了人民出版社的大力支持，在此表示由衷的感谢。

相信本书的出版，会吸引更多社会大众深入了解中国实学，关注中国实学，让中国实学更好地服务当今社会。

本书编写组

2024 年 9 月

责任编辑:段海宝

图书在版编目(CIP)数据

中国实学概述 / 王杰,朱康有主编. -- 北京 : 人民出版社,
2024. 10. -- ISBN 978 - 7 - 01 - 026730 - 2

Ⅰ. B262

中国国家版本馆 CIP 数据核字第 2024VB4506 号

中国实学概述
ZHONGGUO SHIXUE GAISHU

王 杰 朱康有 主编

人民出版社 出版发行
(100706 北京市东城区隆福寺街 99 号)

中煤(北京)印务有限公司印刷 新华书店经销

2024 年 10 月第 1 版 2024 年 10 月北京第 1 次印刷
开本:710 毫米×1000 毫米 1/16 印张:14
字数:160 千字

ISBN 978 - 7 - 01 - 026730 - 2 定价:55.00 元

邮购地址 100706 北京市东城区隆福寺街 99 号
人民东方图书销售中心 电话 (010)65250042 65289539